Georg Seeliger *Autos die Geschichte machten*

BMW KLEINWAGEN
Isetta, 600 & 700

Georg Seeliger

BMW KLEINWAGEN
Isetta, 600 & 700

Motorbuch Verlag Stuttgart

Einbandgestaltung: Johann Walentek unter Verwendung einer Vorlage des Autors.

Bildquellen: Archiv BMW AG, München; Archiv BMW Veteranen Club Deutschland e.V., Kreuztal; Roberto Bruno, Berlin; Bildstelle der Lufthansa, Köln; Willi Martini, Adenau; Bernd Campen, Kleinwallstadt; Georg Seeliger, München; Archiv Auto d'Epoca, Treviso/Italien; Archiv Camping Oldie Club Deutschland, Steinheim.

An dieser Stelle für alle Unterstützung ganz herzlichen Dank den Herren Peter Zollner, Richard Gerstner, Uwe Mahla und Klaus Zwingenberger von der BMW AG; Hanfried Gehlig vom Isetta Club e.V., Hartmut Krombach, Alfred Rumrich und Andreas Pytel vom BMW Veteranenclub Deutschland e.V.; Willi Martini und Johann König.

Besonderer Dank gebührt Herrn Bernd Campen, ohne dessen tätige und sehr zeitaufwendige Mithilfe bis hin zur Schlußkorrektur dieses Buch ein Fragment geblieben wäre. Uneigennützig und engagiert stellten er und die Herren Eduard Kraus, Walter Reitz, Hermann Hahnefeld und Bernd Wendring ihre Fahrzeuge für Fotoaufnahmen zur Verfügung. Sie alle seien herzlich bedankt.

Wer der Oldtimerei verfallen ist, weiß, wie wichtig das Verständnis seiner Lieben ist. Geduldig ertrugen Ingrid und Nora die geistige und räumliche Abwesenheit des Autors während der Arbeit am vorliegenden Werk. Ihnen und den vielen anderen, die ohne Wenn und Aber halfen: Danke!

ISBN 3-613-01500-5

1. Auflage 1993
Copyright © by Motorbuch Verlag, Postfach 10 37 43, 7000 Stuttgart 10.
Ein Unternehmen der Paul Pietsch-Verlage GmbH & Co.
Sämtliche Rechte der Speicherung, Vervielfältigung und Verbreitung sind vorbehalten.
Satz: Alber Fotosatz GmbH, 7127 Pleidelsheim.
Reproduktion: DIE REPRO, 7146 Tamm.
Druck: Bechtle-Druck, 7300 Esslingen.
Bindung: E. Riethmüller, 7000 Stuttgart 1.
Printed in Germany

Inhalt

Einleitung	Kleinwagentraditionen bei BMW	7
Die Isetta	ISO Isetta – das Ei aus Milano	11
	Velam Isetta – Motocoupé auf Französisch	17
	Abgekupfert – der Hoffmann-Skandal	19
	Die deutsche Isetta	21
	Aufwertung der Standard-Isetta	27
	Die Export-Isetta	30
	Sport- und Langstreckenfahrten	35
	Export-Bubblecars auf drei und vier Rädern	38
	Romi und Borgward – Lizenzen für Brasilien und Spanien	42
	Produktionsauslauf in Deutschland	43
	Kuriositäten und Umbauten	47
Der BMW 600	Einstieg in die 600er Klasse	48
	Der neue BMW-Viersitzer	52
	Trotzdem ein Flop	56
Der BMW 700	Das Wunder aus Wien	60
	Das Auto für den Aufschwung	67
	Vom Abstiegskandidaten zum Shooting Star	68
	Die Technik des BMW 700	71
	Evolutionsstufe 1 – der 700 Sport	84
	Evolutionsstufe 2 – die Langversion	89
	Der »Kleine Zornige« im Rennsport	94
	Der Übergang zur Neuen Klasse	100
	Siege und Meisterschaften	102

Kaufberatung	Stärken und Schwächen	**106**
	Heutige Marktpreise	**110**
Anhang	Technische Daten und Diagramme	**111**
	Produktionsstatistik	**118**
	Stückzahlen und Fahrgestellnummer	**118**
	Verkaufspreise in Deutschland	**119**
	Zulassungszahlen in Deutschland	**120**
	Clubs und Adressen	**121**
	Literaturhinweise	**122**

Einleitung

Kleinwagentraditionen bei BMW

Die Bayerischen Motorenwerke AG galten, nach den großartigen Sechszylinder-Modellen der dreißiger Jahre, keineswegs als Kleinwagenhersteller. Die Marketingstrategen hatten gute Arbeit geleistet – denn tatsächlich verdankt das bayerisch-thüringische Unternehmen Fahrzeugen der unteren Preisklassen den erfolgreichen Einstieg ins Automobilgeschäft! Die Geschichte ist schnell erzählt: 1928 übernahm der bisherige Flugzeugmotoren- und Motorrad-Produzent aus München die wirtschaftlich maroden Dixi-Werke in Eisenach. Dort wurde ein Jahr zuvor, nach Austin-Seven-Lizenz, die deutsche Ausgabe des englischen Winzlings aufgenommen. Mit dem weißblauen Propeller-Logo versehen, kamen noch Tausende von kleinen 15-PS-Gefährten auf die Straße, bevor eine auf 20 PS leistungsgesteigerte Version folgte. Gegen den Willen des BMW-Direktors Max Fritz, der sich mit dem weiterentwickelten 3/20-PS-Minis begnügen wollte, entstand 1933 in Eisenach ein kleiner 1,2-Liter-Sechszylinder: der 303.

Daraus erwuchs, unter Leitung des früheren Horch-Konstrukteurs Fritz Fiedler (der als Konstruktions-Vorstand bis 1964 maßgeblich die BMW-Automobilentwicklung beeinflußte!), eine ganze Baureihe, die in einem 3,5-Liter-Modell mündete und weltberühmte Autos wie den BMW 328 hervorbrachte. Sie löschten – zu Unrecht – jede Erinnerung an die bescheidenen Anfänge. Immerhin standen 52.400 produzierten Sechszylindern rund 16.000 3/15-PS- und 7.200 3/20-PS-Zwerge gegenüber.

Inzwischen hatte sich die Produktion zugunsten von Rüstungsgütern verschoben. Eisenach wurde damit zu einem bevorzugten Ziel der alliierten Luftwaffe, und mit dem Kriegsende war auch das Schicksal des von Bomben schwer getroffenen

Mit dem Dixi begann der Flugmotoren- und Zweiradhersteller BMW im Jahr 1928 die Automobilproduktion.

Werks unterhalb der Wartburg besiegelt. Unter Federführung der russischen Besatzungsmacht lief dort schließlich langsam eine neuerliche Kraftfahrzeugproduktion an, die sich ausschließlich auf BMW-Vorkriegsmodelle stützte.

Wollte die Firmenzentrale in München ihr Warenzeichen nicht weiter mißbraucht sehen – denn unter dem eingeführten BMW-Logo wurden nunmehr die Eisenacher Produkte der russisch-ostdeutschen Aktiengesellschaft »Avtovelo« vertrieben, obwohl ja 1949 die Zweigniederlassung Eisenach endgültig aus dem Firmenregister ausschied – mußten möglichst schnell neue Produkte auf den Markt. Doch die beiden früheren Münchner Betrieb waren teilweise demontiert worden, das Allacher Flugmotorenwerk wurde von den Amerikanern genutzt. Im Stammwerk München-Milbertshofen (wo keinerlei Produktionseinrichtungen für Kraftfahrzeuge zur Verfügung standen) lief Ende 1948 die Produktion der zuvor in Eisenach gebauten BMW R24 an, von der innerhalb zweier Jahre über 12.000 Stück entstehen sollten. Für eine Automobilfertigung hätten nunmehr ganz neue Anlagen beschafft werden müssen.

So sprach BMW-Direktor Kurt Donath wegen des Nachbaus des viertürigen Einliter-Modells 8/11 mit Simca, bekam jedoch nur die Lizenz, nicht aber die dringend benötigten Preßwerkzeuge angeboten. Mit leitenden Mitarbeitern von Zündapp, NSU und der Auto Union gab es Verhandlungen wegen eines gemeinsamen Kleinwagenprojekts; selbst die Idee eines Karosseriewerks zusammen mit Adler stand im Raum. Alles vergeblich.

Dennoch glaubten die BMW-Ingenieure um Fritz Fiedler, ein Kleinwagenprojekt auch allein durchziehen zu können. Der Aufsichtsrat gab – nachdem bereits das »Großwagenprojekt« (BMW 501) verabschiedet war – tatsächlich Grünes Licht für die Entwicklung eines kleinen, zweisitzigen Wagens (Codename BMW 331).

In Deutschland liefen damals ganze 540.000 Personenwagen (gegenüber 915.000 Motorrädern!), was einer »Dichte« von gerade elf Pkw pro 1000 Einwohner entsprach und rund 200.000 Einheiten unter dem Stand von 1938 lag. Großbritannien und Frankreich, die erst Mitte der fünfziger Jahre überrundet werden sollten, verfügten über einen weit größeren Automobilbestand. Gute Chancen also für den Absatz in Deutschland – zumindest, wenn es sich um preiswerte Fahrzeuge handelte. Aber: 300 bis 400 Stück des BMW-Kleinwagens hätten aus Rentabilitätsgründen arbeitstäglich entstehen müssen – und dies, obwohl bis zur Stunde keine entsprechenden Fertigungseinrichtungen bereit standen! Vielmehr hemmten Materialengpässe infolge schleppender Stahlzuteilungen selbst die Zweiradproduktion.

Der BMW 331 hätte BMW einen besseren Start bescheren können, als dies mit dem überdimensionierten »Barockengel« der Fall war. Den Antrieb des Fronttriebler-Prototyps besorgte der 600-ccm-Zweizylinder-Boxer der BMW R51.

Äußerlich dem 327 nachempfunden (oder auch wie ein geschrumpfter 501 mit der typischen BMW-Nase) und ein bißchen dem Fiat Topolino ähnelnd, hatte man dem neuen Frontantriebs-Kleinwagen den 600-ccm-Zweizylinderboxer aus der alten Militär-Seitenwagen-Maschine BMW R51 implantiert. Einfachheit und Robustheit standen im Vordergrund – und genau dies mißfiel schließlich dem Vorstand um den von der Deutschen Bank eingesetzten kaufmännischen Direktor Hanns Grewenig. Im April 1950 stellte Konstruktions-Chef Alfred Böning jenes Minimobil und den 501 vor – und erfuhr eine schroffe Abfuhr in Sachen 331: Die Herren fanden den schnuckligen Wagen – der Prototyp befindet sich heute in der Söderström-Sammlung in Malmö – nicht fein genug und beharrten auf der Tradition des Herstellers von Oberklassewagen («BMW-Wagen sollen die Visitenkarte der deutschen Gesellschaft sein.»). Dieser Philosophie fiel auch das Angebot des Dyna-Chefs Lorenz Dietrich zum Opfer, der 1952 einen 750er Panhard Dyna nach München brachte und als Lizenzträger anbot. Donath und seine Techniker hätten nicht mal Probe fahren wollen, klagte er später.

So nahm das wirtschaftliche Unheil seinen Verlauf: Mit Hilfe des Karossiers Baur wurden Ende 1952 die ersten westdeutschen Nachkriegs-BMW auf den inzwischen von Mercedes und Opel beherrschten Markt gebracht. Aus dem 501, dem sechszylindrigen »Barockengel«, wurde im folgenden Jahr gar ein Achtzylinder! Alles in allem entstanden rund 9000 Sechszylinder und um die 13.000 Achtzylinder, wunderbare Autos, die nur einen Nachteil hatten: Die mindestens 11.500 Mark teuren Wagen ließen sich im kriegsgebeutelten Deutschland mit Durchschnittslöhnen um 350 Mark monatlich schlecht absetzen und die Firma in die Krise schlittern.

Parallel wurden Motorräder gefertigt, die sich damals noch ganz gut an den Mann bringen ließen. Der R24 folgte bis 1956 die erfolgreiche R25-Reihe, von der sich allein 122.000 Stück verkaufen ließen. Parallel zu den 250-ccm-Maschinen gab's ab 1950 die Halbliter-R51, von der bis 1960 immerhin 37.000 Exemplare entstanden. Außerdem bot BMW noch die großen 600-ccm-Maschinen R67/R68 an, die bis 1956 insgesamt 8000 mal vom Band liefen.

Aber zwischen Motorrad und V8 war nichts, gab es nichts – abgesehen von zwei Motorroller-Prototypen von 1954/55. In jener Zeit begann jedoch der Absatz von Zweirädern nachzulassen, was schließlich zu einer Absatzkrise und Entlassungen führte. So mancher BMW-Automobil-Liebhaber konnte oder wollte seiner Marke nicht mehr treu bleiben, weil das kostengünstigere, etwas kleinere Modell fehlte. Andere Firmen wie Opel, Volkswagen, Borgward und Glas nutzten die Gunst der Stunde und boten derlei an. Die Motorradproduktion verringerte sich in der zweiten Hälfte der Fünfziger um 75 Prozent, Gewinne waren hier keine mehr zu machen. Jedenfalls kamen in München bis 1959 rund 76 Millionen Mark Gesamtverluste aus dem Automobil- und Motorradgeschäft zusammen – trotz der kurzfristig gefunden Notlösung namens Isetta, über die im Folgenden zu berichten sein wird.

Die Münchner Firma sträubte sich auch noch gegen einen richtigen Kleinwagen, als das sogenannte Wirtschaftswunder den Wunsch vieler Motorradfahrer nach einem Dach über den Kopf beförderte. Der Kleine Mann sehne sich nach einem »Leichtmotorrad mit vier Rädern und Regenschirm«, erkannte Kleinwagen-Pionier Paul Kleinschnittger aus dem sauerländischen Arnsberg bereits 1950 als erster. Er meinte damit rollende Träume, die ihren Behelfscharakter nur unzureichend tarnen konnten. Gut, man verdiente wieder Geld; die im Rahmen des Marshall-Plans nach Deutschland gepumpten Millionen trugen allmählich Zinsen, die ersten Gastarbeiter kamen gern ins Land. Zahlreiche, vor allem kleinere Firmen, deren Wurzeln fast nie im Automobilbau lagen, folgten dem Beispiel Kleinschnittgers und setzten auf oft skurrile Kleinstmobile. Pfiffige Unternehmer, übrigens fast allesamt in Süddeutschland beheimatet, wie die Hans Glas GmbH in Dingolfing (Goggomobil), die Regensburger Stahl und Metallbau GmbH (Messerschmitt), die Elektromaschinenbau Fulda GmbH (Fuldamobil) und der Fahrzeugbau Egon Brütsch (Brütsch) in Stuttgart, betrieben fortan vehement die Entwicklung von Konstruktionen, bei denen Genie und Chaos oft nahe beieinander lagen. Bis 1955 konnten etwa 11.000 Messerschmitt-Kabinenroller und rund 1.000 Fuldamobile verkauft werden.

Ab 1955 drängten auch die Bayerischen Auto-Werke GmbH in Nürnberg (Spatz), die Zündapp-Werke GmbH in Nürnberg (Janus) und BMW in München auf den Markt, 1956 folgte die Ernst Heinkel AG in Stuttgart-Zuffenhausen. BMW aber war der einzige Automobilhersteller von Rang und Namen, der die Winzlinge gesellschaftsfähig machte.

Am Ende waren es fast 50 Klein- und Kleinsthersteller, von denen freilich die meisten das »Wirtschaftswunder« nicht überstanden. Immerhin: Von 1952 bis 1955 stieg der Ausstoß der westdeutschen Rollermobil- und Kleinwagenproduktion von 88 auf 35.065 Stück! Ende 1956 überstieg dann – dank der Rollermobile – die Zahl der Pkw-Zulassungen erstmals die Zahl der neuzugelassenen Zweiräder; noch 1954 waren viermal weniger Pkw als Motorräder verkauft worden.

Mit Preisen unter 3.000 Mark waren sie viel preiswerter als die »richtigen« Kleinwagen vom Schlage des Lloyd-«Leukoplastbombers« oder des Volkswagen Käfers. Sie waren Balsam für die Seelen Tausender Deutscher, die sich endlich ein Auto leisten wollten – selbst wenn es sich dabei nur um geschickt verpackte und beworbene Motorradtechnik handelte. Lange aber akzeptierten unsere Väter diese Provisorien nicht.

Eine deutsche Erfindung waren die kleinen Flitzer übrigens keineswegs, in Großbritannien und Frankreich hatten diese bei uns oft als »Schlaglochsuchgeräte« bespöttelte Gefährte schon Tradition. Zugegeben: Schlaglöcher gab es seinerzeit mehr als genug in Deutschland (»Auto, Motor und Sport« schrieb Anfang 1955 von »lächerlichen Tafeln, nun schon bald alle paar hundert Meter angebracht, mit den Aufschriften 'Frostschäden', 'Frostaufbruch', '30 km Geschwindigkeit', '6 Tonnen' usw.«), ganz anders als in Österreich und der Schweiz. Und Fahrzeuge mit kleinem Radstand und kleiner Spur haben nun mal die unangenehme Eigenart, Fahrbahnunebenheiten nicht ignorieren zu können.

Die Entwicklung der Technik stagnierte nicht, vielmehr ist man heute in der Lage, Pkw-Minis zu bauen, die »richtigen« Autos in nichts nachstehen. Vielleicht wird sich BMW wieder diesem Feld zuwenden? »Auto, Motor und Sport« 9/1992 sagte den Münchnern nach, still und heimlich an einem Nobel-Mini zu arbeiten, der bereits das 1:5-Modellstadium erreicht hätte. Vier bis fünf Personen würden in dem 4 Meter kurzen, knapp 1000 Kilogramm leichten Mini Platz finden; 2,65 Meter Radstand ermöglichten extrem kurze Überhänge. Auch die Motorisierung setze Maßstäbe in dieser Klasse: Aus 1,4 Litern Hubraum kämen 90 PS. Ein hoffnungsvoller Ausblick!

Leider verworfen wurde das Projekt von BMW-Motorrollern, hier der R10 von 1954/55. Solche Fahrzeuge erfreuten sich Mitte der Fünfziger größter Beliebtheit.

Die 1953 präsentierte ISO Isetta wartete mit dem vollkommen neuen Fronttür-Konzept auf. Furore machte es freilich nicht in Italien, sondern nur im Ausland.

DIE ISETTA

ISO Isetta – das Ei aus Milano

Der Name schon verrät es: Isetta – das klingt irgendwie südländisch. Genauer gesagt: italienisch! Denn aus dem sonnigen Süden kam jenes skurrile Gefährt, das BMW aus der Klemme helfen sollte.

Die Münchner hatten überlegt, getüftelt, verworfen

– ohne Erfolg. Dann – relativ spät – kam BMW der Zufall zu Hilfe: Der im Motorradbau erprobte Entwicklungsingenieur und Motorenspezialist Eberhard Wolff, der zuvor den neuen Zweizylinderboxer der R51/2 entwickelt hatte, entdeckte im März 1954 auf dem Genfer Automobilsalon ein vierrädriges Rollermobil namens »Moto-Coupé Isetta«. Entwickelt worden war es 1952/53 vom italienischen Motorroller-, Motorrad- und Kühlschrank-Hersteller ISO SpA Autoveicoli in Bresso bei Mailand, Corso Porta Nuova 16. Es hatte aber südlich der Alpen, wo »richtige« kleine Autos wie der Topolino längst etabliert waren, nur wenig Zustimmung finden können.

Dabei hatte das Rollermobil als einziges Wägelchen dieser Größe in Italien bei der ersten großen Präsentation im Herbst 1953 auf dem Turiner Automobilsalon für viel Aufsehen gesorgt. Anfang 1954 begann die Serienproduktion mit 15 Exemplaren pro Monat auf einer Fabrikationsfläche von 50.000 Quadratmetern einschließlich einer hauseigenen Teststrecke. Später wurden, bei rund 500 Arbeitnehmern, im Einschichtbetrieb arbeitstäglich bis zu 50 Moto-Coupés hergestellt. Die 1954er Jahresproduktion von 3.000 Fahrzeugen blieb zu zwei Dritteln in Italien, der Rest ging in den Export (vor allem in die Schweiz, ab 1955 verstärkt in die USA, obwohl es dort nicht einmal ein Vertreter-Netz gab!). Sehr hinderlich war von Anfang an der vergleichsweise hohe Preis von 399.000 Lire (rund 3.000 Mark), von langanhaltenden »Kinderkrankheiten« der Fahrzeuge ganz zu schweigen (z.B. offenliegende Gas- und Kupplungszüge unter dem Fahrzeug).

Das zweisitzige, nur 2,25 Meter kurze Gefährt – das zwei Erwachsenen, einem Kind und Gepäck Platz bieten sollte – verstieß gegen sämtliche bisher geltenden Regeln des Automobilbaus. Es war ein Zwitterwesen aus Motorrad und Auto, aber unerhört originell gestaltet. Ingenieur Pietro Gobini war, ohne irgend ein Vorbild kopiert zu haben, 1951 auf die Idee mit der riesigen Fronttür (98 cm breit, 132 cm hoch, mit 93 cm breiter und 38,5 cm hoher Scheibe) gekommen. Sie ermöglichte den extrem kleinen Radstand von eineinhalb Metern! Techniker jener Zeit waren bis dahin der Meinung gewesen, zwei Meter Radstand dürften aus Gründen der Fahrsicherheit und des Federungsverhaltens nicht unterschritten werden. Das Gobini-Konzept wurde schließlich maßgebend durch Ingenieur Ermenegildo Preti und ISO-Vizechef Dr. Ladavas bis zur Serienreife vorangetrieben.

Um sich beim Einstieg hinter das Lenkrad nicht dauerhaft zu verrenken, hatte Gobini die beim Öffnen der Tür über ein Kardangelenk nach links mitschwenkende Lenksäule ersonnen, die inklusive Armaturenbrett an der nach schräg vorn öffnenden Tür angebracht wurde. Der eiförmige, selbsttragende Stahlblech-Aufbau saß auf einem trapezförmigen Chassis aus Vierkant-Stahlrohr. Oberhalb der hoch liegenden Gürtellinie befand sich ein Aufbau mit einer Plexiglas-Halbkanzel im Heck (mit textilem Klappdach sowie einem Trapezfenster und einem Dreieck-Drehfenster pro Seite), die einen hervorragenden Rundumblick bot.

Angetrieben wurde das 85 km/h schnelle, 330 Kilogramm leichte Moto-Coupé von einem gebläsegekühlten, nur 236 ccm kleinen, 6,5:1 verdichteten Motorradmotor eigener Fertigung mit 24er Dell' Orto-Vergaser. Der rechts hinter dem Beifahrer quersitzende Einzylinderzweitakt-Doppelkolbenmotor leistete 9,5 PS bei 4500 Touren; im 250.000 Lire teuren Motorrad brachte er ein PS mehr. Man sagte ihm allerdings nach, bei niedrigen Drehzahlen fast gar kein Temperament zu entwickeln. Wegen des Zweitaktmotors hatte die ISO Isetta zwei getrennte Tanks für Benzin und Öl plus eine Gemischpumpe; die Einfüllstutzen befanden sich übereinander unterhalb der Heckscheibenmitte.

An den Motor angeblockt war ein Vierganggetriebe (mit Rückwärtsgang und getrenntem Anlasser). Der Schalthebel wurde an die linke Seite der Innenwand gelegt, der Handbremshebel saß unterhalb der Sitzbank zwischen den Beinen des Fahrers. Die Kraftübertragung erfolgte über eine Mehrscheiben-Naßkupplung und schließlich über eine im Ölbad laufende, gekapselte Doppelrollenkette auf die

Entwicklungsingenieur Eberhard Wolff (links) erkannte die Chancen des Minimobils für BMW. Direktor Fritz Fiedler (rechts) hatte allen Grund zum Gratulieren.

Clou der Isetta war die beim Öffnen der Fronttür über ein Kardangelenk mitschwenkende Lenksäule.

Renzo Rivolta, Chef des Motorrad- und Kühlschrank-Herstellers ISO in Bresso bei Mailand, hatte Grünes Licht für den Bau des Winzlings gegeben. In BMW fand er einen potenten Lizenznehmer.

ebenfalls vollständig gekapselte, hintere Starrachse. Sie hing an zwei Viertelelliptikfedern und zwei Teleskopstoßdämpfern; die vorderen Räder waren einzeln an Längslenkern (geschobene Schwingarme) aufgehängt, unterstützt von zylindrischen Gummikörpern im Metallmantel und kleinen Reibungsstoßdämpfern. Beim Lenkeinschlag bewegten sich die Federelemente mit. Problematisch waren allerdings die unter dem Wagenboden offenliegenden Betätigungszüge.

Ein echter Genieblitz: Die lediglich 50 Zentimeter

schmale hintere Spur ersparte den Einbau eines Differentials! Fahrkomfort und Fahrsicherheit des mit verschiedener Spur rollenden Vierradlers sollten später die Tester in Erstaunen versetzen – daß eine solche Anordnung der Räder bei extremen Witterungsbedingungen nicht viel vorteilhafter war als ein Dreirad, ließ sich aber nicht verheimlichen. Der eiförmige Winzling muß auf die ratlosen BMW-Mannen tatsächlich wie das Ei des Kolumbus gewirkt haben – noch dazu, nachdem der aus Argentinien stammende ISO-Chef Renzo Rivolta, der spätere Sportwagenbauer (ab 1960), dem staunen-

Das italienische Ursprungsmodell war unwesentlich leichter und kompakter als die BMW-Ausführung: 330 Kilo statt 350 Kilogramm; 2,25 m Länge und 1,34 m Breite statt 2,29 und 1,38 m. Blinker und Radkappen sind jedoch nicht original.

den Entwicklungsingenieur aus München die Zusammenarbeit anbot. Und wirklich, Donath und Fiedler reisten aus München an, und wurden – die erfolgreichen Kleinstmobile von Messerschmitt vor Augen – im April 1954 mit dem Italiener handelseinig.

ISO lieferte nicht nur die Konstruktion, sondern auch die Preßwerkzeuge für die Karosserie und die Lehren für die Rahmenherstellung. Überdies gestattete Rivolta die Übernahme des eingeführten Namens für die Lizenzfertigung für die deutschsprachigen Länder und Skandinavien – und den Einbau stärkerer Motoren! Es war wohl der Mut der Verzweiflung, der die Deutschen zu diesem Abschluß trieb, nachdem alle eigenen Versuche und Überlegungen unfruchtbar geblieben waren.

ISO schickte 30 Fahrzeuge nach München, die dort optisch und technisch gründlichst auf mögliche Veränderungen durchleuchtet wurden. Gedacht war sogar an eine eigenständige Karosserie: So formte die Styling-Abteilung oberhalb der ISO-Gürtellinie einen etwas veränderten Aufbau, der jedoch nicht in Serie ging. Stilistische Änderungen gegenüber der Ur-Isetta erfolgten schließlich nur im Bereich der vorderen Kotflügel. Und anders als beim ISO-Zwerg mit herausnehmbaren, nur innerhalb des Fahrgastraums fixierten Seitenfenstern war das Ei von BMW rundum mit festgeschlossenen Trapezfenstern versehen. Die ersten 30 Exemplare kamen freilich noch mit dem typischen ISO-Außentürgriff und runden Radkappen daher.

Erstaunlicherweise ernteten die Münchner nicht Spott und Hohn, sondern freundliche Akzeptanz, als sie – sozusagen als verfrühtes Osterei – am 5. März 1955 bei einer Pressekonferenz in Rottach-Egern am Tegernsee zwei Exemplare der deutschen Isetta vorstellten. Ihr neues Mobil – mit der internen Codenummer 240 – wurde richtig verstanden als eine Art Brücke hin zur Massenmotorisierung. Aber: Die anfangs sehr profitable Roller-

Den Antrieb der ISO Isetta besorgte ein Einzylinderzweitakt-Doppelkolbenmotor aus der hauseigenen Motorrad-Fertigung.

Integrierte Frontscheinwerfer mit daraufsitzenden, tropfenförmigen Blinkern, der Türspangen-Griff, Stoßstangenecken und das riesige textile Klappdach kennzeichneten die erste Serie der ISO Isetta.

Nur in wenigen Exemplaren entstand das ISO Autocarro. Hier ein 0,5-Tonnen-Pritschenwagen, dessen Blinker nachgerüstet wurden.

Für die Präsentation der BMW Isetta in Rottach-Egern hatte man lediglich zwei ISO-Isetten einem Facelift unterzogen.

mobil-Welle mit dem erfolgreichen Messerschmitt-Kabinenroller vorneweg war damals bereits auf ihrem Höhepunkt, konnte also nicht mehr endlos anhalten.

Der bekannte Motorjournalist Werner Oswald hatte bereits Ende 1954 in der »Auto, Motor und Sport« über vorauszusehende Erfolge oder Mißerfolge von Kleinstwagen geschrieben – und dabei befunden: Erfolgreiche Rollermobile müßten trotz geringen Preises einen vernünftigen, durchzugsstarken Motor besitzen, um nicht zum Verkehrshindernis zu werden. Diese Motorkraft sollte auch Steigungen vernünftig bewältigen können und Traktionsproblemen im Schnee gewachsen sein. »Das letztere

kann erwiesenermaßen schwachmotorisierten Drei- oder Vierspurern wie der Isetta leicht passieren...Wetterschutz und Kippsicherheit sind gewiß viel wert, auch der zünftige Motorradfahrer weiß das zu schätzen; doch er pfeift darauf, wenn er als Gegenleistung für diese Vorteile nicht mehr vom Fleck kommt. Mit einem 400-ccm-Motor, meinen wir, müßte bei einem ordentlichen Rollermobil auszukommen sein, mit weniger ist es wohl schwer zu machen.«

Für ISO sah die Zukunft schlechter aus. Vergeblich hatte man auf weitere Exporterfolge gehofft: Bei-

Vergeblich hatte man die ISO Isetta sogar im Motorsport eingesetzt: unter anderem bei der Mille Miglia. Dies brachte Achtungserfolge, aber nur wenig mehr Absatz.

Mit der Übernahme der Konstruktion durch die Deutschen wurde die zweite Serie der ISO Isetta (Karosserie und Rahmen) ab 1956 in München hergestellt – mit gegenüber dem Ursprungsmodell kaum modifizierter Karosserie (gleiche Scheinwerfer, Radkappen, Motordeckel, Heckleuchten). Die Trapez-Scheibenrahmen waren den deutschen Isetten angepaßt. In Italien wurde dann der ISO-

Kein anderes Lizenzprodukt entfernte sich optisch so weit von der ISO Isetta wie der Velam-Mini. Die Scheinwerfer und die durchgehende Stoßstange wurden höher gesetzt, die Kotflügel abschraubbar gestaltet.

Das Velam-Heck geriet pummelig und wies eine vollkommen andere Gestaltung als bei ISO und BMW auf.

Der Tachometer wurde in der Lenkradnabe installiert und mit einem Chromzierring umgeben.

spielsweise nach den USA gingen ab Sommer 1954 lediglich insgesamt 20 bis 30 Isetten. Von der renommierten Fachzeitschrift »Motor Trend« Ende 1954 sehr positiv beurteilt, bot sie der Importeur Joe Hainess für stolze 975 Dollar (damals fast 4000 Mark) an. Wahrlich kein Pappenstiel! »The feeling of a Lilliputian among a field of giants« (Sich fühlen wie ein Zwerg unter lauter Riesen), hatte der Tester gedichtet. Und weiter: »Wenn Sie selbst gern lachen und nichts dabei finden, daß andere über Sie lachen, haben Sie hier eines der billigsten Autos der Welt.«

Dennoch, das italienische Original verkaufte sich schlecht, anders als später die BMW-Ausführung. Zweitaktmotor komplettiert. BMW übernahm dann sogar die Gewährleistung und die Ersatzteillieferung für die ISO Isetta. Im Jahr 1958 endete die Produktion nach etwa 17.000 Isetten, nachdem alle anderen Versuche mit gefälliger gestalteten ISO-Minis gescheitert waren.

So gab es, obwohl ursprünglich bis zu 50 Prozent der Produktion darauf entfallen sollten, nur in einigen wenigen Exemplaren den ISO Autocarro für Nutzlasten bis zu einer halben Tonne als Pritschen- und Kastenwagen für 575.000 Lire, Kofferwagen (650.000 Lire) und Feuerwehrfahrzeug. Das Chassis mit der neuen Hinterachse war Basis für den Prototyp Parad ISO 400, an dem der Designer Gio-

Die offene Sportausführung »Velam Course« entstand auf Basis der verbesserten Ecrin-Isetta.

Die Velam Isetta erhielt eine separate Vorderachse, es blieb aber vorerst bei den simplen Neimann-Gummibändern.

Wegen der weitausgeschnittenen Türen war bei Renneinsätzen eine verwegene Kurventechnik möglich.

vanni Michelotti mitgewirkt hatte, der bei anderer Gelegenheit noch sehr wichtig für BMW werden sollte. ISO-Chef Renzo Rivolta starb 1962.

Velam Isetta – Motocoupé auf Französisch
BMW war freilich nicht der einzige Nutznießer der ISO-Konstruktion, die einigen von Oswalds Thesen so diametral entgegengesetzt war. Schon auf dem Turiner Autosalon 1953 hatte sich die »Société Véhicule léger à Moteur« (Velam) – zu deutsch: Gesellschaft für motorisierte Leichtfahrzeuge – in Suresnes bei Paris um die Lizenzrechte für Frank-

reich, Benelux und Spanien beworben, 1954 diese zumindest für Frankreich erhalten – und den Mikrozweisitzer bis Mitte 1955 konstruktiv umgestrickt.

Von der Optik her entfernte sich kein anderer Lizenznehmer so weit von der ISO Isetta wie Velam: Gegenüber dem Original wurden in Frankreich die Scheinwerfer höhergesetzt und die Kotflügel abschraubbar gestaltet (dies versprach – im Fall des Falles – geringere Reparaturkosten). Die Stoßstangen wurden höher angesetzt, die pummelige Heckpartie mit dem hoch angebrachten Nummernschild war rundlich-geglättet und ohne Abstufung wie bei ISO und später BMW. Der Innenraum entsprach, bis auf die Roßhaar-Sitzbankauflage auf dem Wagenboden (statt einer gepolsterten Sitzbank), der Seitenverkleidungen mit der Armauflage und der Unterbringung des Tachometers in der Lenkradnabe (dafür kam das Amperemeter ins Armaturenbrett) der Ursprungs-Isetta.

Beibehalten wurde aber der in französischer Lizenz gefertigte ISO-Motor, der mittels eines Solex-Vergasers etwas weniger Kraftstoff benötigte. Wegen geringfügiger Unterschiede können defekte Baugruppen nicht gegen italienische Originalteile ausgetauscht werden! Zugang zum Motor hatte man – besser als bei der BMW Isetta – über eine große Klappe in der Hutablage relativ problemlos vom

Innenraum her (während die BMW Isetta außer dem Motordeckel außen nur über eine winzige Klappe hinter der Fahrerlehne verfügte). Von außen war der Velam-Motor so gut wie nicht zugänglich. Wesentlichste Konstruktionsänderung war die selbsttragende Karosserie, die eine separate Vorderachse sowie einen Hilfsrahmen für die Antriebseinheit erhielt. Die Betriebsbremse wirkte jedoch, anders als bei der ISO, nur auf die Vorderräder.

Der Prototyp der Velam Isetta war auf dem Pariser Automobilsalon im Oktober 1954 zu sehen, im Frühsommer 1955 begann die Serienfertigung in Hallen des früheren Talbot-Werks in Suresnes, gemietet von Anthony Lago. Noch in jenem Jahr entstanden 1.224 Exemplare, 1956 waren es 4.886, und 1957 kamen 1.005 Velam-Isetten hinzu. Andere Quellen sprechen von insgesamt nur 5.500 Stück.

Neben der Isetta mit dem gewohnten Klappdach boten kleine Karossiers einige wenige Velam Cabrios (Landauletts) an.

Doch auch in Frankreich ging die Rollermobil-Zeit unversehens zu Ende. 1957 versuchte Firmenchef Michel Cromback das drohende Produktionsende mit einem gefälliger karossierten Modell namens »Ecrin« (Schmuckkästchen) zu verhindern. Festes Dach, Schiebefenster, ja sogar eine verbesserte Vorderachse (Querblattfeder mit Teleskopstoßdämpfern statt der simplen Federung mit Neimann-Elastikbändern) wurden aufgeboten. Und der Innenraum wurde mit sage und schreibe 15 Kilogramm Dämmstoff (gegenüber 8 kg bei der ISO) ausgekleidet. Basierend auf die Ecrin-Isetta entstand sogar in einem Exemplar die offene Sportausführung »Isetta Course«, die 1957 von Jean Bianchi eingesetzt wurde (sie befindet sich heute im Besitz eines bekannten deutschen Isetta-Enthusiasten). Vorher war schon eine windschnittig gestaltete Weltrekord-Version der Ecrin Isetta entstanden.

Auf dem AMS-Titelblatt waren die Ähnlichkeiten zwischen ISO-Isetta und Hoffmann Kabine deutlich zu sehen.

Vergeblich: Einst mit 297.000 bis 308.000 Francs um ein Sechstel billiger als der Citroen 2 CV (371.000 Francs), war die als »Asphalt-Blase« geschmähte Velam Isetta in der Ecrin-Aufmachung mit 380.000 Francs inkl. Radio schließlich teurer als das französische Volksauto und ließ sich nicht mehr verkaufen.

Von amerikanischen und englischen Interessenten, wie sie sich noch 1954 um den Lizenzbau der Isetta beworben hatten, war schon lange nichts mehr zu hören.

Abgekupfert – der Hoffmann-Skandal

Inzwischen waren auch die Gerichte in Sachen Isetta bemüht worden. Der Düsseldorfer Kaufmann Jakob Oswald Hoffmann nämlich hatte sich noch vor BMW vergeblich um die ISO-Lizenz bemüht. Der frühere Fahrradfabrikant war bereits 1949 Lizenzhersteller des Vespa-Rollers geworden und baute ab Anfang der fünfziger Jahre das eigenentwickelte Gouverneur-Motorrad. Mitten in Pläne eines eigenen Kleinwagens hinein kam die ISO-Präsentation und Hoffmanns postwendende Anfrage – aber die Mailänder Firma war eher an einem renommierten Geschäftspartner interessiert.

Daraufhin übernahm er die Grundidee des eiförmigen Italieners ohne ISO-Genehmigung und wich bei seinen zwei viersitzigen Prototypen vom Mai 1954 nur marginal vom zuvor beschafften Originalmuster ab – weil Hoffmann glaubte, daß nur die Fronttür mit der schwenkbaren Lenkung patentgeschützt sei. Statt des Fronteinstiegs hatte einer seiner Prototypen zwei, der andere eine Seitentür – ansonsten glich Hoffmanns Kreation der ISO Isetta wie ein Ei dem anderen. Dabei steckten unter dem Blech interessante Details – etwa das trapezförmige Rohrrahmenchassis mit 11,5 Zentimeter mehr Radstand als bei der Isetta (allerdings blieben auch die Kastenträger ISO-Kopien) und dem Preßspan-Armaturenbrett über die gesamte Front.

Hoffmanns Wagen maß außen 2,28 x 1,39 x 1,35 Meter und wog leer 350 Kilogramm. Genau wie die ISO Isetta saß hinten ein 13-Liter-Tank. Den Antrieb besorgte allerdings ein Viertakt-Zweizylinder-Boxer. Es hieß zwar, das Ei würde vom 250-ccm-Motor der Gouverneur angetrieben, in Wirklichkeit tat ein 300-ccm-Viertakt-Boxermotor Dienst zwischen den Hinterrädern. Bei einer Bohrung von 58 mm und einem Hub von 50 mm kamen genau 298 ccm zusammen. 6,5 : 1 verdichtet, leistete das Triebwerk imposante 18,5 PS bei 5400 U/min, die über eine Kardanwelle (!) auf die Hinterachse übertragen wurden.

Ende Juli 1954 kündigte Hoffmann das baldige Erscheinen seiner Kabine 250 an, von der kurz darauf eine »Nullserie« von 50 Stück anlief. Ab September 1954 sollte die Serienproduktion beginnen. »Auto, Motor und Sport« war dies eine Titelseite wert: »Baut Hoffmann die Kabine?« Tausende fester Aufträge seien vornotiert, ließ Hoffmann verlauten. Doch schon die Geschäftsgebaren der Firma – Vorfinanzierung durch Schecks und Händlerwechsel – waren von Anfang an bedenklich und zeugten von geringer Finanzpotenz des Werks, das beispielsweise Probleme bei der Beschaffung neuer Preßwerkzeuge hatte.

Überdies behauptete Hoffmann, seine Kabine sei im Oktober 1954 auf dem Pariser Automobilsalon

Nach dem einfach ausgestatteten Eintürer-Ei wollte Hoffmann eine Luxusversion mit zwei Seitentüren fertigen. Vorher mußte er jedoch Konkurs anmelden.

eine Sensation gewesen – was nicht stimmte: In Paris wurde nur die ISO Isetta ausgestellt (von der Hoffmann später behauptete, sie sei im Gefolge der Kabine entstanden), das Lintorfer Derivat mit einer Seitentür rechts wurde nur bei einem Presseempfang in einem Hotel als »Kabine 250« kurz vorgestellt.

Als erstes zog ISO vom Leder und beauftragte den Münchner Rechtsanwalt Dr. Zimmermann, ihre Patent- und Gebrauchsmuster-Schutzrechte wegen des »Plagio dell'Isetta« durchzusetzen. BMW (und später der französische Lizenznehmer Velam), wo man ja eine ganze Menge an Lizenzgebühren berappt hatte, schloß sich im November 1954 der Plagiats-Klage an.

Das Düsseldorfer Gericht entschied in erster Instanz, daß Hoffmann zu einem Fünftel das Recht gehabt hätte, eine ISO-ähnliche Konstruktion zu etablieren.

Schneller als gedacht erledigte sich die ganze Angelegenheit von selbst. Hoffmanns Firma steckte wegen der Kündigung seines Vespa-Lizenzvertrags durch Piaggio zum September 1954 ohnehin in finanzielle Nöten, so daß noch im November 1954 Vergleich angemeldet werden mußte. Kurz vor Weihnachten entließ er die letzten seiner einst 950 Mitarbeiter. Immerhin sollen zuvor noch 113 »Auto Kabinen 250« zum Stückpreis von 2.900 Mark ausgeliefert worden sein. Der ausgewiesene Isetta-Spezialist Bernd Campen spricht von wahrscheinlich 163 Exemplaren, von denen zwei Stück überlebt haben sollen.

Anders als beim hier gezeigten Isetta-Fahrgestell hatte das Hoffmann-Chassis einen stärkeren, längeren Leiterrahmen und einen mittig sitzenden Motor.

Eine der 30 BMW-Vorserien-Isetten, erkennbar an den Blinkern, der Motorabdeckung und dem Heck.

Die deutsche Isetta

Bei BMW ging man die Sache in größerem Maßstab an. Schließlich handelte es sich hier um das zukünftige Produkt eines Großserienherstellers, das überdies nicht das Geschäft mit den großen BMW-Pkw beeinträchtigte. Überdies verhalf die italo-bajuwarische »Knutschkugel« mit dem Erreichen einer schnellen Liquidität dem Unternehmen zum weiteren Überleben: Der Jahresumsatz konnte fortan stabil gehalten werden. Zum Kampfpreis von 2.280 Mark – ganze 220 Mark teurer als die erfolgreiche BMW R25/3 – bot man ab April 1955 der Kundschaft ein konkurrenzlos billiges Gefährt. Die Steuer betrug für die 250er (und später auch für die 300er) Ausführung jährlich 44 Mark, die Haftpflicht kostete 90 Mark, ab Ende der Fünfziger 114 Mark. Zum Jahresende stieg der Isetta-Preis auf 2.580 Mark – dafür gab's gerade einen offenen Kleinschnittger mit 123-ccm-Motor und ohne Rückwärtsgang, der 250er Goggo war einen halben Tausender teurer.

Angetrieben wurde sie von dem um eine Pferdestärke auf 12 PS gedrosselten 250-ccm-Einzylinderviertakter der R25/3, des mit insgesamt 47.000 Exemplaren meistgebautesten BMW-Krads aller Zeiten. Auch wenn Zweitaktmotoren normalerweise über weite Drehzahlbereiche besserer Durchzug nachgesagt wurde: Der potentere BMW-Viertakter war die bessere Lösung. Der R25/3-Motor mit Graugußzylinder und Leichtmetallkopf verfügte bei der 300-ccm-Version ab November 1955 erstmals über einen auf Hubzapfen leicht laufenden Leichtmetall-Pleuel (später auch bei der Export-250er), der mit einer Bleischicht versehen wurde. Die Kühlrippenfläche war vergrößert worden, weshalb – anders als bei den unmittelbaren Vorgängern – die Schwärzung des Zylinders aus thermischen Gründen entfallen konnte. Auch im Innern des Motors erfolgten Veränderungen gegenüber dem Motorrad-Treibsatz, so daß nur wenige Teile austauschbar sind. Das quadratische Bohrung-Hub-Verhältnis von 68 x 68 mm diente einer langen Lebensdauer. Die mittlere Kolbengeschwindigkeit war aber mit 13,2 m/s immer noch recht hoch. Hohe Drehzahlen konnten der Isetta also gefährlich werden.

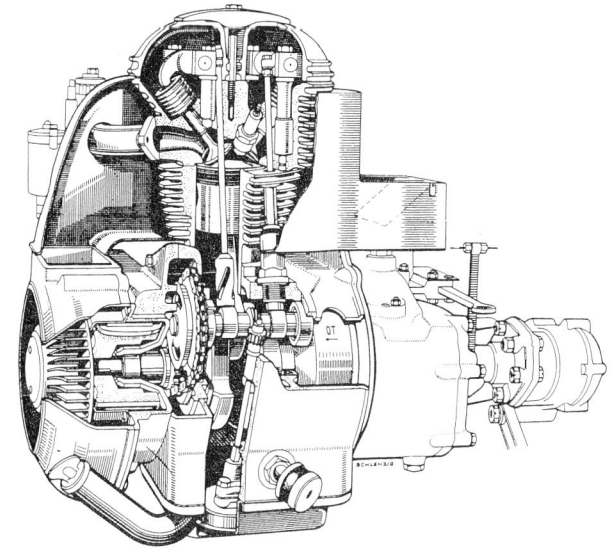

Der 250-ccm-Einzylindermotor stammte aus der R25/3.

An das recht vernehmlich zur Sache gehende, 6,8:1 verdichtete, sehr weich gummigelagerte Triebwerk hatte man ein von BMW entwickeltes, unsynchronisiertes Viergang-Klauengetriebe mit Rückwärtsgang angeblockt. Das Schaltgestänge stammte noch von der ISO, die Kupplungs- und Gas-Seilzugführungen wurden aber verbessert (gekapselte Bowdenzüge). Der hintere Achsantrieb, die Vorderachse mit ihren horizontalliegenden Pertinax-Reibungsstoßdämpfern und die Lenkung stammten von der ISO Isetta (die Vorderachse wurde 1956 für die Export-Version verbessert – was u.a. am gewöhnungsbedürftigen Bremsverhalten infolge der fehlenden Bremsmomentstütze lag. Die Reibungsdämpfer wurden nunmehr durch stehende Schraubenfedern mit innenliegenden Teleskopstoßdämpfern und längerem Federweg ersetzt). Auch die hydraulische Einkreisbremsanlage mit drei Radbremszylindern (hinten nur einer rechts) entsprach im wesentlichen dem italienischen Pendant. Wegen der bisherigen Fahrtwindkühlung des Motorradmotors erhielt das Triebwerk ein zusätzliches Gebläse: Auf der verlängerten Kurbelwelle saß das Lüfterrad, das mit Hilfe von Luftleitblechen dem Zylinder Kaltluft zuwedelte. Der 24er-Bing-Vergaser wurde etwas verändert – ohne Tupfer – vom Zweirad übernommen; die Benzinhahn-Betätigung befand sich direkt hinter der Sitzbank. Anders als ISO mit seiner Ölbad-Mehrscheibenkupplung installierte BMW eine modernere Einscheiben-Trockenkupplung von Fichtel & Sachs.

Die Münchner Isetta erhielt auch einen elektrischen Anlasser in Form der seinerzeit noch üblichen Dynastart-Anlage (Noris-130-Watt-Lichtmaschine und Anlasser in einer Einheit), die über die Kurbelwelle angetrieben wurde. Die gesamte Elektrik war wegen der Dynastart-Bauart auf 12 Volt ausgelegt. Die ISO verfügte übrigens über einen am Getriebe angeflanschten Elektrostarter.

Mit der BMW Isetta ließen sich maximal 85 km/h erreichen, von Null bis 80 km/h brauchte sie rund 40 Sekunden. Doch Vorsicht! Viele ehemalige Motorrad-Piloten ließen das kleine Vierrad zu lange mit Vollgas laufen. Bei Höchstgeschwindigkeit drehte das Motörchen rund 6000 Touren! Erst als im April 1956 auf Anraten der Motorradlegende »Schorsch« Meier eine Stufenanschlagfeder für das Gaspedal installiert wurde, stellte sich beim Chauffeur durch diesen Druckpunkt ein besseres Gefühl für die Stellung des Gaspedals ein.

Der mit unter vier Litern pro 100 Kilometer angegebene Benzinverbrauch bezog sich freilich auf die DIN-Geschwindigkeit von 57 km/h; tatsächlich verbrauchte die Isetta schon mal um die fünf Liter Normal. Und da hätte man sich schon einen etwas größeren Tank als den serienmäßigen 13-Liter-Behälter gewünscht. Zum Vergleich: Der Goggo hatte einen 25-Liter-Tank.

Aber niemand hielt die Isetta für eine »Rennsemmel«; ob tatsächlich »Steigungen bis 32 Prozent mühelos überwunden« wurden, wie die Werbung versprach, haben nicht viele nachgeprüft. Das Leistungsgewicht entsprach jedenfalls dem des Volkswagen Käfers, die Hubraumleistung von 48 PS/Liter war imposant.

Für deutsche Verhältnisse – man reiste ja wieder, und je weiter, um so besser! – war jedoch die Un-

Zum Vergleich: Ur-Standard-Isetta ab Fahrgestellnummer 400.031 mit langen Lampentöpfen und ohne Kühlschlitze…

…überarbeitete Standard-Isetta mit kurzen Lampentöpfen, aber immer noch ohne Kühlschlitze…

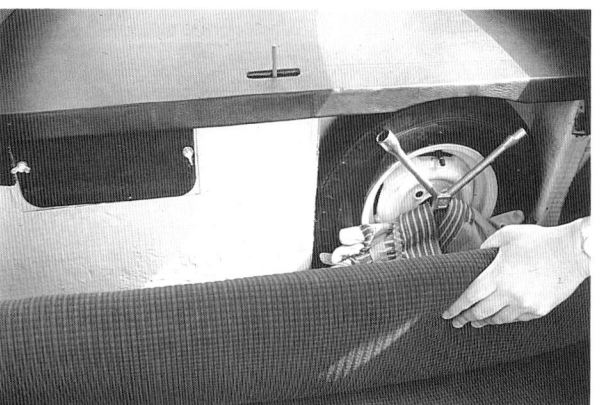

…und zweifarbige Standard-Isetta des letzten Baujahrs mit Kühlschlitzen.

Hinter dem Fahrersitz war das Ersatzrad untergebacht, links kam man an den Motor heran.

terbringung des Motors rechts hinter dem Sitz die reinste Platzverschwendung. Wartungs- und Einstellarbeiten waren durch die »Motorhaube« von außen her nur mit viel Übung gut machbar. Wartungsarbeiten waren seinerzeit das A und O für ein langes Fahrzeugleben: Neben Ölwechsel und Inspektion alle 2.000 km mußten alle 1.500 km Fußhebelwelle, Lenkungs-Kreuzgelenk, Lenkhebelwelle, Achsschenkelbolzen und Bremsträgernaben-Lagerung abgeschmiert werden! Was jedoch weniger am Fahrzeug, als an der damals schlechten Öl- und Fettqualität lag. Schon bei geringstem Verschleiß lief Öl aus (z.B. Ölfüllung der Traghebellagerung der Export), was drastische Schäden verursachte.

Reinhold Ziegler berichtete 1985 in der »Motor-Klassik«, daß der »unökonomisch mit Auspuff und Antrieb verbaute Leerraum« vor und über dem Motor die Isetta in den Sechzigern zeitweise für DDR-Fluchthelfer interessant gemacht hätte: »Mit nur einigen Umbauten ließ sich hier ein zusammengefalteter Erwachsener verstecken.« Zumindest von zwei Export-Isetten ist bekannt, daß sie tatsächlich Flüchtlinge herausbrachten. Zuvor hatte man Luftansaugrohr und Heizung ausgebaut, Tank und Batterie verlegt, das Auspuffrohr nach unten gezogen und statt der Spritzbleche eine Sperrholzplatte über die Räder gelegt.

Die BMW Isetta erhielt 1955 wegen der besseren Lichtausbeute gegenüber der ISO höher (gegenüber der Velam tiefer) angesetzte Scheinwerfer in länglichen, mit der Karosserie abschließenden Gehäusen (1956 wichen sie kürzeren, eiförmigen Lampentöpfen). Die seitlichen Motor-Belüftungskiemen der Original-Isetta schenkte man sich anfangs ganz, die Verriegelung des Motorraums geschah 1955 noch über einen Knebelverschluß. Vorn hatte die Ur-Isetta von BMW im ersten Jahr Stoßstangenecken, die schon 1956 wegen der nach vorn verlängerten Kotflügel gänzlich wegfielen. Erst die Export-Version erhielt eine durchgehende Stoßstange. Hinten besaß die Isetta das dreieckige Universal-Bremslicht, aufgesetzt auf die Hutze für den Luftansaug-Einlaß. Diese Leuchte hatten damals auch andere Fabrikate (z.B. Kleinschnittger); 1956 wich sie einem Halboval-Bremslicht.

Lackiert wurde die Isetta in folgenden Farben: mit rotem Interieur in Beige, Cortinagrau, Elfenbein und Signalrot; mit blauer Innenausstattung in Hellblau und Kornblumenblau; schließlich mit grünem Interieur in Resadagrün. Gegen 85 Mark Aufpreis wurden ab November 1955 sogar Zweifarblackierungen zusammen mit der aufwendigen, polierten Trennungs-Z-Zierleiste und verchromten Stoßstangen angeboten, wobei die Tür immer in Farbe des hellen Oberteils lackiert war. Die Farbkombinationen: mit rotem Interieur in Cortinagrau/Weinrot und Whitegold/Arabergold; mit blauer Innenausstattung in Hellblau/Kornblumenblau und Pastellblau/Bayerischblau; mit grünem Interieur in Hellttürkis/Dunkeltürkis. Lackstifte zum Ausbessern gab's für je 2,85 Mark.

Die »Deutsche Aluminium-Zentrale« gab 1956 den Leichtmetall-Anteil für die Isetta mit 23,9 Kilogramm an. 13,9 Kilo entfielen auf Motor und Getriebe, 9 Kilo auf's Fahrwerk und 1 Kilo auf die Karosserie. Der VW Käfer hatte 26,1 Kilogramm, der Mercedes 180 21,4 Kilo LM-Anteil.

Neu waren die seitlich in Wagenmitte sitzenden Tropfen-Blinker (ab 1956 in Rechteckform) und das Dreispeichen-Lenkrad mit 38 cm Durchmesser. Dahinter, links unterhalb der Frontscheibe, saß in einer Guß-Konsole der bis 100 km/h (!) reichende Tacho, umgeben von Kontrolleuchten für Ladestrom, Blinker und Fernlicht. Rechts vom Armaturenbrett befand sich der Motor mit integriertem Schalter für den Einblatt-Scheibenwischer. An der Lenksäule links betätigte man den Abblendhebel, rechts saß der Blinkschalter.

Ein- und Ausstieg über die mit strammer Ausgleichsfeder gehaltenen Tür beschrieben BMW-

Zweifarbig lackierte 1955er Isetta mit der charakteristischen Trennungs-Z-Zierleiste und polierten Alu-Stoßstangenecken. Vor dem Dreispeichen-Lenkrad an der Tür befestigt war die Konsole für den Tacho.

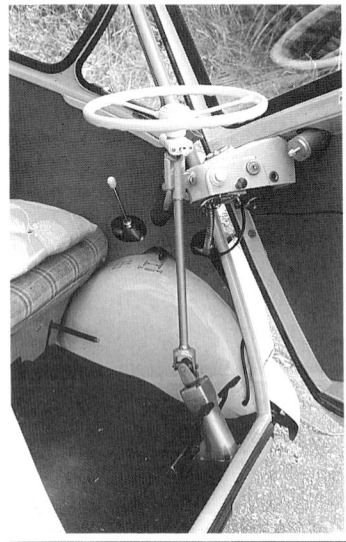

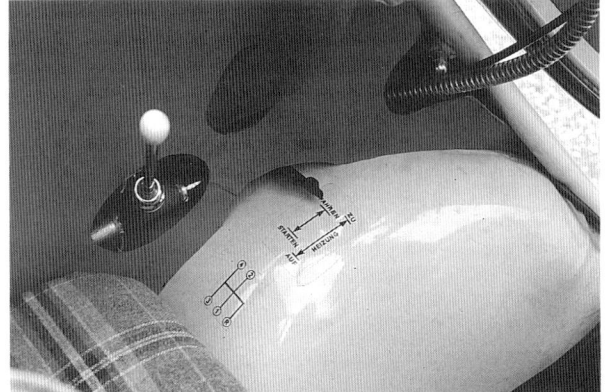

Kurze Schaltwege, aber ungewöhnliches Schaltschema: die unsynchronisierte Ratschensschaltung der Isetta.

Prospekte der Fünfziger so: »Bequemer geht es nicht mehr: Beim Öffnen der schrägliegenden Fronttür dreht sich die Steuersäule automatisch nach links, und man kann ungehindert, aufrecht stehend das Fahrzeug betreten oder verlassen, ja geradezu hineinspazieren. Eine weitere Annehmlichkeit ist die vollkommen lautlos schließende Tür. Ein Griff – und schon ist sie fahrtgerecht geschlossen und gegen Aufspringen zuverlässig gesichert.« Zum Vergleich: Die ab 1956 angebotene Heinkel-Kabine machte mehr Schwierigkeiten beim Einsteigen, da die Lenksäule stehenblieb. Ein weiteres gerichtliches Zwischenspiel über Kopie oder Nicht-Kopie, nunmehr gegen Heinkel, konnte übrigens um ein Haar abgewendet werden: Professor Ernst Heinkel und Kurt Donath von BMW einigten sich gütlich, nachdem die Schwächen des dreirädrigen, zweitaktenden Zuffenhausener Konkurrenzgefährts deutlich geworden waren (auch wenn das Konzept ganz sicher nachempfunden war).

Übung und Gewöhnung bedurfte aber die unsynchronisierte Ratschenschaltung der Isetta (Zwischengas!) mit dem ungewöhnlichen H-Schaltschema an der linken Bordwand: Der erste Gang lag in der Mitte unten, der vierte links oben. Die Schaltwege waren aber sehr kurz. Ein Tester der »Motor-Rundschau« bemängelte 1955, daß sich die Federsperre des Rückwärtsgangs zu leicht überwinden ließ – BMW reagierte sofort und stellte dieses folgenschwere Übel ab.
Gewöhnungsbedürftig war natürlich auch die Fortbewegung mit dem Moto-Coupé. Platz hatte man ausreichend auf der 1,18 Meter breiten, in Längsrichtung um fünf Zentimeter in drei Stufen verstellbaren Sitzbank mit Textilbezug und sehr steiler, erst ab 1956 in zwei Stellungen justierbarer Rückenlehne. Die Werbefotos mit der freudig erregten Besatzung des Isetta-Cockpits, die zwei Personen plus Kind im Moto-Coupé untergebracht sehen wollten (»geräumige Breite, wie sie ein mittelgroßes

Ganz Verwegene hängten sogar einen Wohnwagen an ihre Isetta.

Auto bietet« und »Platz für zwei Erwachsene und ein Kind. Reichlich Raum für Gepäck.«) übertrieben kräftig: 1220 Millimeter Ellbogen- und 1125 Millimeter Schulterbreite standen zur Verfügung, die Kopfhöhe betrug 840 Millimeter. Die wenigen Instrumente und Bedienelemente lagen in Reichweite; das sehr flachstehende, elfenbeinfarbene Lenkrad zwang aber zu einer aufrechten Sitzhaltung.

Die Lenkung war sehr direkt und neutral; bei forscher Fahrweise führte sie zu einem regelrecht »kantigen« Kurvenstil. Wegen des hohen, noch dazu asymmetrischen Schwerpunkts und der winzigen hinteren Spur war jedoch dann das Umkippen nicht ausgeschlossen. Doch die Gewichtsverteilung war bestens ausgemittelt: Mit Fahrer besetzt, lasteten 55 Prozent auf der Vorderachse.

Der Wendekreisdurchmesser von 8,3 Metern wurde allerdings durch den Goggo mit nur 6 Metern beträchtlich unterboten. Schlimmer aber war das Hoppeln und Nicken wegen des kurzen Radstands von nur eineinhalb Metern (Nickschwingungen), noch schlimmer die Notwendigkeit des Ausweichens vor Schlaglöchern, was jedoch fast immer vergeblich war. Und auf Straßenbahnschienen scherte gern mal das Heck aus.

Aber: Die nach festem Zutreten verlangenden Trommelbremsen zählten zu den besten der kleinen Klasse (aus 50 km/h bis zum Stillstand brauchte man nur 16 Meter!), nur die Heinkel Kabine brachte noch bessere Werte, obwohl ihre Betriebsbremse nur auf die Vorderräder wirkte. Kritik verdiente dagegen die ungünstige Stellung des Handbremshebels nach ISO-Muster unter der Sitzbank (Wirkung auf die Hinterräder); ab 1956 wanderte er an die Seite an den linken Radhauskasten.

Typisch für die erste BMW Isetta waren die vorderen (viel zu oft undichten) Dreiecksfenster, die Panorama-Heckscheibe und natürlich das serienmäßige Segeltuch-Klappverdeck. Nicht etwa südländisches Sommer-Feeling, sondern allein Sicherheitsgründe waren Ursache für das Verdeck: Von einem festen Rahmen oberhalb der hochgezogenen Plexiglas-Seitenscheiben umgeben, sollte es im Fall des Falles als Notausstieg dienen. Nur die vorderen Sekuritglas-Dreiecks-Drehfenster (ab 12/1955 Kippfenster) konnten geöffnet werden, alles andere blieb geschlossen. Bei Regen führte dies leicht zu beschlagenen Scheiben – gegen die die ab Winter 1955/56 lieferbare Heizung mit relativ groß dimensionierter Defrosterdüse vergeblich ankämpfte. Schlimmer noch war's im Winter: Die Heizung verdiente schlicht das Prädikat »ungenügend«.

Ganze 2,28 Meter lang war die deutsche Ausführung der überaus wendigen Isetta mit den kleinen »überdimensionierten« (so die Reklame) 10-Zoll-Rädern mit 4.80-10-Reifen (statt der 4.50-10-ISO-Bereifung). »Parkt auf etwa ein halber Autofläche« lockte die Werbung, wenngleich doch seinerzeit die Parklückensuche in Deutschland alles andere als ein Problem war. Schwieriger gestaltete sich die Gepäckunterbringung in der Isetta: Im Fahrzeugheck gab es hinter der Fahrer-Rückenlehne nur die Reserveradmulde, darüber befand sich dann die überdimensionierte Hutablage. Taschen mußten im 70 Zentimeter langen Fußraum, unter

Wer wollte, konnte alle nur möglichen Goodies bestellen. Zum Beispiel den zweiten Außenspiegel, Scheinwerferblenden, Radioantenne und Weißwandreifen…

...sowie Gepäckgalerie innen, hintere Stoßstangenverlängerung, Außengepäckträger und Skihalter.

Oberhalb der Kartentasche ließ sich ein kleines Autoradio montieren. Dies erforderte allerdings stärkere Türfedern.

der Sitzbank oder auf einer Gepäckbrücke auf dem Heck verstaut werden.

Wer wollte, konnte auf der oberen hinteren Rahmenkröpfung eine Anhängerkupplung installieren und damit einen bis zu 220 Kilo schweren Hänger in den Schlepp nehmen. Schon ab 1955 gab es für stolze 860 Mark einen speziellen Wohnwagen, den 130 Kilo leichten Piccolo von einer Münchner Stahlbaufirma.

Aufwertung der Standard-Isetta

Ein klassenloses Vehikel war da unversehens entstanden, jenseits aller Standesschranken – vom Chefarzt bis zur Hausfrau sollte sie als Gefährt für Jedermann taugen. Gut, sie war sparsam bei zurückhaltender Fahrweise – aber das wichtigste: Mit dem 250er Motor ausgestattet, war sie zugelassen auch für Klasse-4-Führerscheininhaber, die diesen bis zum 1. Dezember 1954 bekommen hatten (später erworben, galt diese Fahrerlaubnis nur noch für Mopeds bis 50 ccm und Traktoren). Dies war der Grund für den so unwahrscheinlich langen Produktionszeitraum bis in die sechziger Jahre hinein.

Am 18. November 1955 wurde – bei einer Tagesproduktion von inzwischen 120 Isetten – das 10.000ste Exemplar ausgeliefert, bis zum Jahresende waren 13.000 Stück gebaut. Der Jahresumsatz von BMW stieg damit noch 1955 auf 95 Millionen Mark!

Isetta-Interessenten mußten nun sogar monatelange Wartezeiten in Kauf nehmen. Um die zu versüßen, bot BMW alle möglichen Extras für die Isetta – und investierte Millionen in weitere Fertigungseinrichtungen. Gegen Aufpreis konnten Sonnenblenden (je 6,50 Mark), Innenspiegel, verchromter Aschenbecher zum Anschrauben an die Tür (5,30 Mark), Kunstleder-Schonbezüge, Gepäckgalerie innen (35,- Mark), Innenhaltegriff (4,80 Mark), Heck-Stoßstangenverlängerung (Garnitur 9,50 Mark), Außengepäckträger (46,- Mark), Skihalter (16,- Mark), Scheinwerfer- (4,40 Mark) und Auspuffblenden (4,80 Mark), verschließbarer Tankverschluß (10,50 Mark), vordere Spritzschutzgarnitur (18,50) und schlauchlose Reifen geordert werden.

Außerdem gab's das winzige Philips-Röhrenradio ND 344 V-01 inklusive Entstörsatz, das vorn an der Innenseite der Tür oberhalb der Kartentasche angebracht wurde. Auf die Außenbefestigungsschraube kam eine Philips-Schriftzug-Blende, die Türfedern wurden mit einer dem Gerät beigepackten, in die Originalfeder einzulegende Zusatzfeder verstärkt. Einen ähnlichen Einbausatz gab es auch von Blaupunkt, wobei hier eine etwas andere Konsole Verwendung fand. Die Antenne wurde seitlich links auf der Tür montiert. Zum Radio gab's eine zusätzliche Konsole mit Aschenbecher zum Aufbau in Türmitte. Und wer sein gutes Stück nicht ganz im Freien parken wollte, leistete sich einen Zeltstoff-Überzug für 79,50 Mark.

Von Februar 1956 an offerierte man alternativ den auf 300 ccm aufgebohrten ehemaligen R25/3-Motor mit Alu-Pleuel, der auch in die neue R26 kam. Das Pleuel besaß nunmehr Gleitlager anstelle des bisherigen Rollenlagers. 13 statt 12 PS – allerdings schon bei 5200 statt 5800 Touren! – brachte dieses etwas elastischere Triebwerk mit 0,43 mkg mehr Drehmoment nun, die Höchstgeschwindigkeit von 85 km/h blieb allerdings die gleiche. Der bekannte Tester Johannes Spira – einer der vielen Journalisten, die der Isetta wohlgesonnen waren – erreichte mit zwei Personen sogar mal 91 km/h! Das schönste: Der Aufpreis für den Motor betrug nur 140 Mark. Steuer und Versicherung blieben die gleichen wie bei der 250er.

Ende 1956 erfuhren die Motoren der Isetta eine Reihe konstruktiver Änderungen. Für die Export-Version wuchsen so der 250er- und 300er-Zylinder um 10 Millimeter in der Höhe – dies alles zum Zwecke der Kühlflächen-Vergrößerung. Wegen des sprichwörtlichen Öldursts der Maschine wuchs das Volumen der Ölwanne von ursprünglich 1,25 auf 1,75 Liter. Verändert wurde nur die Kubelgehäuse-Entlüftung; Ölpumpe und Schleuderblechschmierung blieben gleich. Wegen der tieferen Wanne hatte nun die Ölpumpe einen längeren Fuß.

Überhaupt war der Winzling reifer geworden: Eine von BMW in Auftrag gegebene »Untersuchung aller am Markt befindlichen Kleinwagen« von 1956 (Autor war Helmut-Werner Bönsch) ergab, daß eine mit zwei Personen besetzte 300er Isetta im vierten Gang mehr Elastizität bot als beispielsweise der Volkswagen Käfer.

BMW und Glas standen fortan mit weitem Abstand

»Großer Markt für kleine Autos«, titelte die »hobby« im Dezember 1956. Noch ließen sich die Winzlinge gut verkaufen. Oben eine Heinkel Kabine, darunter ein Victoria Spatz und ein Zündapp Janus.

an der Spitze aller Kleinstwagenbauer – und lieferten sich auch auf werblichem Gebiet regelrechte Wortgefechte. »Freude haben, Kosten sparen, BMW Isetta fahren«, »Weltweit erprobt, weltweit bewährt, weltweit beliebt – kurz: Ihr Gefährt!« oder »Wer Köpfchen hat ist sich im klaren: Jetzt BMW Isetta fahren!« dichteten die Münchner. Die Dingolfinger mit ihrem knuddligen Kleinstwagen, der allerdings über zwei richtige Türen verfügte, hielten dagegen: »Weltraumfahrt ist noch nicht möglich. Wer drauf wartet, wart' vergeblich. Familie nicht mehr warten will. Lösung klar: Goggomobil!«

Welten trennten die durch marginale Unterschiede als »Kleinwagen« oder »Mobile« definierten Fahrzeuge. So hatte Glas auf der 1955er Internationalen Automobilausstellung in Frankfurt seine Kreation präsentieren dürfen, da sie als Auto galt – die Isetta zählte dagegen als Motorrad und hatte draußen bleiben müssen.

Zuvor bei der IFMA war der Isetta schon vom neuen Goggo Coupé die Schau gestohlen worden. »Auto, Motor und Sport« verstand das Fernbleiben bei der IAA aber so, daß BMW klugerweise die Kunden der großen BMW nicht verprellen wollte und freiwillig auf eine Isetta-Präsentation verzichtete.

So hatte BMW-Werbechef Oskar Kolk tief in die Trickkiste gegriffen und ließ vor dem Hauptportal ein Podest aufstellen, auf dem werbewirksam eine Isetta als Gewinn für jeden 250.000sten Besucher thronte. Die Werbewirkung war ungeheuer. Der Isetta-Anteil an der mengenmäßigen Gesamtproduktion der Münchner machte 1956 stolze 89 Prozent aus.

Als das Gerücht aufkam, BMW hätte ein neues Modell in petto, blieben die Isetten auf Halde stehen. Im Hintergrund einige Barockengel.

Die Export-Isetta

1956 hatte die Isetta ihr Rekordjahr: Über 25.000 Motocoupés liefen vom Milbertshofener Band (davon wurden 22.543 in Deutschland zugelassen – im Folgejahr sollten es, trotz nachlassender Nachfrage, immer noch 21.129 sein). Doch die Händler vermeldeten: Die Kundschaft wollte größere, komfortablere, stärkere Fahrzeuge! Überdies lief Mitte 1956 das Gerücht um, die ISO-Lizenz sei abgelaufen, ein neues BMW-Modell käme heraus.

Eine paradoxe Situation: Während in großformatigen Zeitungsanzeigen für Arbeitskräfte geworben wurde und Direktor Grewenig versprach, daß die neuen Typen die Produktion beleben würden, bekamen 600 Mitarbeiter zum 1. September 1956 ihre Papiere. Mit allerhand Tricks versuchte BMW überdies, den Eindruck eines normalen Geschäftsgangs vorzugaukeln. So lagerte ein Münchner Spediteur im Werksauftrag 1.500 Isetten ein (die damit nicht mehr sichtbar auf Halde standen); die Händler wurden zur Abnahme gedrängt, weil ein größerer US-Auftrag bald für längere Wartezeiten sorgen würde. Ausgerechnet in diese Zeit, als andere Firmen Billig-Autos ankündigten, fiel – nach vorangegangenen Gehaltserhöhungen in der Industrie – eine saftige Preiserhöhung: Die Isetta wurde um 200 Mark teurer!

Um die mißliche Situation zu retten, zauberte man ein neues, schöneres Ei aus dem Zylinder. Die Styling-Abteilung hatte diesmal ein komplettes Handmodell aus Plastilin im Maßstab 1 : 1 geformt und ganze Arbeit geleistet. Im Oktober 1956 präsentierte BMW auf der IFMA und der IAA zusätzlich zur bisherigen Standard-Version das Export-Modell mit

Die Münchner ließen nichts unversucht, ihre »Knutschkugeln« an den Mann/die Frau zu bringen. Hier setzte man die Winzlinge als Werbeträger ein.

1957 lief die 50.000ste Isetta vom Band. Es sollten noch dreimal mehr entstehen!

deutlich geänderter, schlanker wirkender und durch die vordere Stoßstange 7 Zentimeter längerer Karosserie (cW-Wert 0,40!) und verbessertem Fahrwerk. Auch weiterhin konnte man zwischen dem 250- oder dem 300-ccm-Motor wählen. Der neue Aufbau war gründlich vorbereitet worden: In mühsamer Handarbeit war sogar ein 1:1-Modell gefertigt worden.

Wieder gab's die Isetta sowohl einfarbig als auch – gegen 85 Mark Aufpreis (1958) in schicker Zweifarbenlackierung. Folgende Farben waren lieferbar: bei rotem Interieur Japanrot, Cortinagrau, Whitegold, Elfenbein, Hellblau, Korallenrot (bis 1958), Signalrot (ab 1959); mit blauer Innenausstattung in Pastellblau; mit grünem Innern in Birkengrün; mit türkisem Interieur in Türkis. Ab 1959 kamen noch Federweiß (US-Version), Helltürkis, Hellblau, Azurblau und Hellbeige dazu.

Die zweifarbigen Lackierungen unterschieden sich auch durch die trennende Zierleiste, die 1957 bis 1959 unterhalb der zwei Blinker verlief, ab 1960 direkt am unteren Scheibenrand anschloß. Mit roter Innenausstattung gab's die Kombinationen Sanddünenbeige/Weinrot bzw. Korallenrot und Hellbeige/Whitegold; eine grüne Innenausstattung hatten die Beigegrün/Birkengrün-lackierten Isetten; eine blaue Innenausstattung bekamen die Fahrzeuge in Lichtblau/Azurblau und Pastell- bzw.

Hellblau/Dunkelblau verpaßt. Bis 1957 war die Tür in der Farbe des Oberteils lackiert, 1957/58 wurden auch zweifarbige Türen und Hochglanz-Stoßstangen ausgeliefert. Von 1959 bis 1962 gab es die zweifarbigen Türen nur noch gegen Aufpreis.

Kleinere Scheinwerfergehäuse wie schon bei der renovierten 1956er Standard, durchgehende vordere Stoßstangen (die aber nicht als Trittbrett mißbraucht werden sollten) und polierte Fensterschacht-Leisten kamen bei der Export-Isetta ab Herbst 1956 zum Einsatz. Die bislang bis ins Dach hineingezogenen Plexiglas-Trapezseitenscheiben waren durch niedrigere Schiebe-Seitenfenster und ein kleines Rückfenster aus Sicherheitsglas ersetzt worden (Sekurit-Scheiben wurden bereits gegen Aufpreis angeboten). Nach wie vor befand sich über den Insassen ein Klappverdeck. Seit 1956 diente ein neuer Knebelverschluß der besseren Verdeckbetätigung.

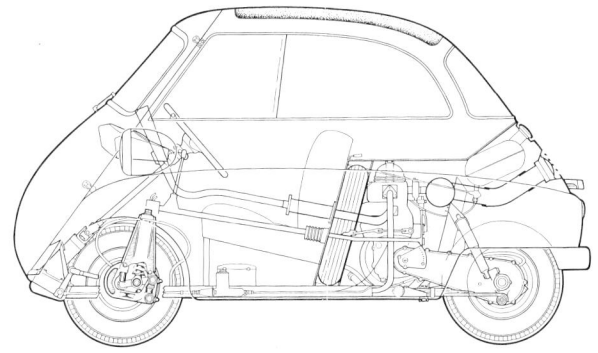

Optisch deutlich gestreckter präsentierte sich 1957 das Export-Modell.

Der Innenraum wies ein Dreispeichen-Lenkrad mit nach wie vor 38 cm Durchmesser auf, hinter dem der immer noch bis 100 km/h reichende Tacho ab 1956 Schaltmarken besaß. Das Armaturenbrett blieb das gleiche. In der Blechkonsole auf dem linken Radhaus befanden sich ein Choke- und Lufthebel. Wichtiger noch: Belüftung und Heizung wurden geändert, auch wenn sie bei sehr kaltem Wetter nur zum Enteisen des linken Teils der Frontscheibe ausreichte. Eine kleine Spezialdüse hielt eine Öffnung zur Durchsicht auf den Seitenspiegel frei. Für mehr Wohlbefinden der Besatzung sollte der »Heizungsstrom unter dem Sitz« in den Fußraum sorgen (»Aufpreis« für die obligatorische Heizung von anfangs 25 bis schließlich 45 Mark). Der Kofferraum wuchs um rund 10 Prozent, der Innenraum wurde insgesamt etwas größer. Wohlwollende Fachjournalisten bescheinigten nun der weiterentwickelten Isetta, das solideste und seriöseste unter den zahlreichen Rollermobilen und Kleinwagen zu sein.

Die Hinterradfederung wurde mit einem Federweg von 80 statt 50 Millimetern weicher ausgelegt, vorn kam eine anspruchsvollere Vorderachse (gleitgelagert mit Ölreservoir) mit längerem Schwingarm mit Bremsmomentstütze, senkrecht stehender Schraubenfeder (längerer Federweg) und innenliegendem Telekopstoßdämpfer zum Einsatz. Die Hinterradfederung wurde damit weicher, das Hoppeln beim Bremsen beispielsweise war plötzlich wie weggeblasen. »Wie sehr die Fahr- und Federungseigenschaften der Isetta dadurch gewonnen hatten«, lobte der »hobby«-Tester 1957 in seinem IAA-Bericht den Abrollkomfort der Export-Version, »davon konnte ich mich bei einem scharfen Probegalopp über ausgesucht schlechte Straßen in der Umgebung Frankfurts selbst überzeugen.«

Auch an Motor und Getriebe hatte sich einiges getan. Die Aufhängung des Triebwerks hatte man weiter verbessert, die Schaltung war leichtgängiger und die Kupplungsbetätigung weicher ausgelegt. Die Elastizität und damit die Verschleißminderung des Triebwerks wurden besser (längere Kolben, längere Zylinder), die Ölwanne vergrößert; für einen besseren Lauf der Steuerkette sorgte ein neuer Kettenspanner (ab 1956 auch als Nachrüstteil lieferbar).

Kleine Scheinwerfer wie beim letzten Standard-Modell, niedrigere Schiebe-Seitenfenster und ein verkleinertes Rückfenster kennzeichneten die Export-Isetta.

Die Tropen-Isetta besaß horizontale Belüftungsgitter in der Fronttür. Prototypen gab's auch mit runden oder nierenförmigen Öffnungen.

Das heute sehr seltene Cabriolet hatte ein zurückklappbares Faltverdeck an Stelle der Heckscheibe und geänderte Seitenscheiben.

Bei den Post-Isetten wurde die Heckscheibe im Interesse eines größeren Innenraums ausgebeult.

Die ersten Werbefotos für die Export-Version waren Meisterleistungen der Retusche. Hier hatte man die Fensterpartien der Standard im Nachhinein verändert, leider aber das Lenkrad weggezaubert!

Die Export-Version beinhaltete auch eine Tropen-Variante mit zwei horizontalen Belüftungsgittern in der Fronttür, die laut BMW »dem Gesicht ein weiteres, interessantes Merkmal« verpaßten – was auch immer damit gemeint sein mag. Prototypen hatten zuvor auch runde oder nierenförmige Belüftungsöffnungen. Die ab Ende 1956 erstmals in rund 200 Exemplaren angebotene Tropen-Version gab es wie gewohnt mit festem Dach und Klappverdeck oder auch als Cabriolet mit zurückklappbarem Faltverdeck anstelle der Heckscheibe (eigentlich eher ein Landaulet). In jedem Falle konnte bei der Tropen-Ausführung das Klappverdeck im Dach mittels zweier Klemmen in einer angenieteten Verstärkung zirka 5 Zentimeter über dem vorderen Türholm ausgestellt werden.

Neben dieser exotischen Version gab es in kleiner Slückzahl auch das »normale« Landaulett-Cabrio, übrigens sogar schon in der 1956er Standard-Ausführung. »Wer lieber im Freien sitzt – vom Fahrtwind liebkost, von der Sonne umschwärmt – bitte, hier ist die BMW Isetta als Cabriolet!« warb BMW. Zusammen dürften maximal 65 Cabrios (davon 15 Standard und 50 Export) hergestellt worden sein.

Bei einer ähnlichen, in noch weniger Exemplaren hergestellten Version – basierend auf der Standard-Isetta mit großem Heckausschnitt – ließ sich ein nachrüstbarer Kastenaufbau (1956 von der Karosseriebaufirma Buhne in Berlin) aufsetzen. Diese Lasten-Isetta gab es als Prototyp mit Pritsche 2-CV-like mit horizontal geteilten Klapp-Seitenfenstern oder mit Buhne-Kastenaufbau. Etwas Paradoxeres als die Kombination zwischen Kleinst-

Nur das Blaulicht der ansonsten originalen 1962er Isetta 250 der hessischen Polizei wurde nachgerüstet.

mobil und Ladeflächenaufsatz war kaum vorstellbar! Dennoch durften die Standards mit stärker nach außen ausgebeulter Heckscheibe, einsitzig bei der Bundespost Dienst tun. Erstmals wurde darüber 1956 in der Fachzeitschrift »Schiene und Straße« berichtet. 1956 waren es zwei, 1958 schon 17, 1960 noch sieben und 1962 ganze vier solcher Isetten, die in deutschen Großstädten Eilbriefe und Päckchen ausfuhren, bevor sich die Postler für den Goggo-Transporter entschieden. Die Nutzfahrzeug-Minis waren dann noch jahrelang BMW-intern auf dem Münchner Werksgelände im Einsatz.

Selbst die Polizei in Nordrhein-Westfalen, Niedersachsen und vereinzelt in Hessen stellte einige der preiswerten Isetten in Dienst. Polizei-Dunkelgrün lackiert, mit zwei Zusatzscheinwerfern auf den Kotflügeln und einem Suchscheinwerfer rechts oben auf dem Dach, dienten diese Fahrzeuge den Ermittlungsgruppen der Polizeikommissariate und der kommunalen Polizei. Ein Beamter und eine Schreibmaschine hatten Platz, hieß es – und gegenüber dem Motorrad war die Fahrt im Trockenen ein echter Aufstieg.

Nicht über das Entwurfsstadium hinaus kamen dagegen Projekte wie eine Rikscha-Isetta für den Export nach Indien, ein Jagdwagen sowie eine viersitzige Isetta mit rund abfallendem oder auch flossenartig gestaltetem Heck. Daran hatte maßgebend der BMW-507-Schöpfer Albrecht Graf Goertz mitgewirkt.

Die bisherige Standard-Ausführung, ebenfalls mit der 250-ccm- bzw. 300-ccm-Maschine versehen, blieb als preisgünstiges Basismodell noch bis März 1957 im Programm. Wie die neue Export verfügte sie über einige baugleiche Teile: geteilte Felgen, Frontschriftzug, Dreispeichenlenkrad, halbovales Rücklicht. 41.948 Stück der Standard entstanden, davon zwei Drittel als 250-ccm-Modelle. Vom Export-Modell wurden schließlich dreimal so viele Exemplare fertiggestellt.

Statt bisher 2750 kostete die Standard-Version mit 250er Motor ab Ende 1956 nur noch 2490 Mark. 2780 Mark waren nunmehr für das 250er Export-Modell anzulegen, die 300er Version kam auf 2980 Mark (1956).

Die Liste der Extras war noch umfangreicher geworden. So gab es zusätzlich Langloch- oder Turboblenden-Zierringe über den Radkappen (je 8

Standard-Isetta mit nachrüstbarem Kastenaufbau der Berliner Firma Buhne von 1956.

Projekte: Riktscha-Isetta für den Einsatz in Indien...

...und viersitzige Ausführung mit breiterer hinterer Spur und stärkerem Motor.

Vollgas bei der Wintertourenfahrt des österreichischen ÖAMTC 1959: Mit dieser Isetta wurde die Goldmedaille errungen.

Mark); Pedal-Gummiüberzüge (je 90 Pfennig); Handlampe mit Steckdose (14,70 Mark); Lederhüllen in Rot, Grau und Grün für Lenksäulen-Kreuzgelenke (3,50 Mark); Einlegematten für Fußinnenraum (Kokos) und Gepäckablage (Kunststoff) für 10,90 bzw. 16 Mark; elektromagnetischer Benzinhahn mit Reserveanzeige; Innenleuchte (6,30 Mark); Radhaus-Schmutzfangbleche und Schmutzfänger vorn (18,50 Mark); Schmutzfänger hinten (9,60 Mark); Scheibenwaschanlage (19,80 Mark); Doppelscheibenwischer (46,90 Mark); hydraulische Lenkungs-Schwingungsdämpfer (25,70 Mark); Zigarettenanzünder (3,20 Mark); ein- oder zweiteiliger Koffersatz aus Leder oder mit Stoffbezug; Blumenvase; Metallarmaturenbrett mit Handschuhfach und Radioausschnitt; drehbare Seitenfenster-Zugluftabweiser (je 19,80 Mark). Schlauchlose Reifen und eine einteilige Felge war ab 1956/57 als Extra erhältlich, serienmäßig waren sie erst ab 1959.

Viele dieser Extras gab es inzwischen auch für die Standard-Isetta. Noch vor Erscheinen der Export-Version wurden Mittelteile für die vorderen Stoßstangenecken (Garnitur 39,50 Mark) zusammen mit hinteren Stoßstangenverlängerungen angeboten.

Sport- und Langstreckenfahrten

Mit der Isetta wurde auch kräftig im Rennsport und bei Zuverlässigkeitsfahrten mitgemischt – schon 1954 und 1955, als die italienischen ISO Isetten bei der Mille Miglia über 1600 Kilometer dabei waren. Ihre Konkurrenten in der Klasse »Turismo Speciale bis 750 ccm« waren Fahrzeuge wie der Citroen 2CV, der Fiat Topolino, der Panhard Dyna und der Renault 4CV. Als langsamste Fahrzeuge des Feldes starteten 1954 sieben ISO Isetten, beginnend mit der Nummer »21.00«, als erste des gesamten Feldes. Sie waren nicht nur besser als die anderen 30 Fahrzeuge ihrer Klasse, sondern kamen sogar zu fünft ins Ziel: Die Klassensieger Cipolla/Brioschi markierten den 175sten Rang in einem Feld von 472 Startern! Das Isetta-Spitzenfahrzeug erreichte dabei einen schier unglaublichen Durchschnitt von 72,324 km/h.

1955 durfte die neuetablierte Diesel-Klasse noch vor den Isetten starten, die diesmal in vierfacher Besetzung antraten – und alle ankamen. Mario Cipolla und Luigi Brioschi (mit Startnummer 3) wurden 267ste von insgesamt 530 Fahrzeugen und erreichten sagenhafte 79,311 km/h Durchschnittsgeschwindigkeit. Bei der Toskana-Rundfahrt von 1955 wurden 68,8 km/h Durchschnitt über die 760 Kilometer lange Strecke erzielt.

Drei deutsche Teams fuhren auch die Internationale Österreichische Alpenfahrt 1955 über 16 Pässe und über 967 Kilometer mit. Bei der nächtlichen Abfahrt vom Großglockner überschlug sich der auf BMW Isetta startende Motorrad-Rennfahrer und Meister im BMW-Werk, Max Klankermeier, fixierte die herausgedrückte Heckscheibe mit Klebeband und erreichte zusammen mit den anderen zwei Isetta-Crews die folgende Lesachtal-Etappe von Heiligenblut über Lienz/Drau nach Kötschach – und wurde noch fünfter seiner Klasse vor zwei Goggos! Sein Schnitt lag bei rund 41 km/h; die großen Wagen waren nur 11 km/h schneller! 1954 war ja Alex von Falkenhausen als Rennleiter zu BMW zurückgekehrt; ihm oblagen nun die einzelnen Einsätze der großen und kleinen Weißblauen.

Dann sind da noch die erwähnten Sport-Velam Isetten. Auf der Rekordstrecke von Montlhery wurden Mitte 1957 mit einer einsitzigen, aerodynamisch gestylten Velam Isetta Durchschnittswerte von 100 bis 112 km/h erreicht, über zwölf Stunden erzielten die Franzosen Peslier und Bianchi mit durchschnittlich 109,68 km/h einen neuen internationalen Rekord. In 24 Stunden kamen sie auf einen Schnitt von sagenhaften 109,57 km/h! Der Verbleib des Stromlinienautos ist bis heute ungeklärt.

Eine unglaubliche Leistung vollbrachten auch das Motorjournalisten-(Ehe-)Paar Paul Schweder und

Bei den zwölfstündigen Geschwindigkeits- und Verbrauchsprüfungen auf dem Hockenheimring war BMW stets mit Erfolg dabei. Wichtigstes Prinzip war das Windschattenfahren!

1954 und 1955 mischten die ISO Isetten erfolgreich bei der Mille Miglia mit. Darum dürfen sie auch heute wieder bei der alljährlichen historischen Nachauflage mittun.

Annemarie Botschen in einer Standard 250. Im Oktober 1955 fuhren der 53jährige Schweder und seine Copilotin von Brindisi zur nördlichsten dänischen Stadt, Skagen, und legte die 2947 Kilometer ohne Pause in 48 Stunden und 55 Minuten zurück (60,1 km/h). Sein Durchschnittsverbrauch lag bei 4,9 Liter/100 km! Als einzige Extras hatte die Isetta Doppelscheibenwischer, eine Scheibenwaschanlage, ein Radio, Nebelscheinwerfer, einen Tripmaster – und vor allem einen »Angstgriff« seitlich und einen »Angstbügel« vor der Beifahrerin erhalten. Die »Motor-Rundschau« 22/1955 staunte über die Besatzung, »die dank des guten Fahrkomforts noch einen überraschend frischen Eindruck machte«.

1957 tuckerte das Paar in einer Export 300 nonstop von Sizilien in 62 Stunden die 3760 Kilometer nach Stockholm (Durchschnitt 60,6 km/h). »Streichholzfahrt« wurde diese von mehreren internationalen Automobilclubs überwachte Gewalttour damals tituliert, weil nur mit Streichhölzern die Augen offen-

Schweder/Botschen bei der Nonstop-Fahrt von Brindisi nach Skagen. Extras des Wagens waren Doppelscheibenwischer, Radio und Nebelscheinwerfer.

zuhalten waren. BMW-Pressechef Carl Hoepner kam mit seinem BMW 502 kaum hinterher, beim Reifencheck in München mußte er sich vier neue Reifen aufziehen lassen, während die Isetta noch mit dem vollen Profil aufwartete.

Ähnlich spektakulär waren eine privat initiierte Expeditionstour durch Mexiko (1957) und die inoffizielle Schweizer Alpenfahrt über 100 Pässe im September 1957, bei der 4146 Kilometer in 94 Stunden 29 Minuten von mehreren Isetten des Schweizer Importeurs zurückgelegt wurden. 1957 machten sich die enthusiastischen Kleinwagenfans Schweder/Botschen übrigens noch mal erfolgreich auf eine Langstreckentour – mit dem größeren Bruder der Isetta, dem BMW 600.

Export-Bubblecars auf drei und vier Rädern

Längst lieferte BMW seine Vierrad-Zwerge auch ins Ausland. Alles in allem verließ ein Drittel der gesamten Isetta-Fertigung Deutschland! In die USA, wohin bereits 1955 exportiert wurde, kamen 1956 etwa 1000 Stück über den Großen Teich. Verkaufsfördernd wirkte dort der Designer Graf Goertz, der – genau wie der Rock-Sänger Elvis Presley – eine 300er-Knutschkugel aus München erhalten hatte und damit in New York für Aufsehen sorgte. Umfangreiche Änderungen waren notwendig geworden, um überhaupt eine amerikanische Zulassung zu erhalten: Frontscheibe aus Verbundglas statt Sekurit, Seiten- und Heckscheibe aus Sicherheitsglas statt aus Pleximaterial (bei Standard); vordere Stoßstange an der Tür; überdimensionale zusätzliche Stoßstangenbügel vorn und hinten (jeweils mit Blechverstärkungen); Blinker nicht seitlich mittig sondern vierfach (vorn und hinten); hinten kombinierte Blink-, Brems- und Schlußleuchte (zusätzliche Kennzeichen-Beleuchtung); Sealed-beam-Riesenscheinwerfer mit 180-mm-Streugläsern sowie höher aufgesetzten großen »Elefantenfuß«-Rückleuchten (die von der BMW R26 kamen).

Selbstverständlich war der Tacho in »mph« ausgezeichnet, Starter- und Heizungshebel erhielten ebenfalls englische Beschriftungen.

998 Dollar (oder 370 Dollar An- und anschließende Teilzahlung) kosteten die »German Eggs« schon 1955 – ein stolzer Preis im Land der unbegrenzten Möglichkeiten. Exportiert wurde bis zirka 1960. Zumindest 1958 wurden auch in Deutschland US-Ausführungen verkaufte, die sowohl aus Amerika zurückkamen, als direkt ab Werk in dieser ungewohnten Form ausgeliefert wurden. Sie kosteten für BMW-Mitarbeiter nur die Hälfte des regulären

Kurzer Stopp an einem Vulkanfeld am Fuße des Ätnas während der 1957er »Streichholzfahrt« von Sizilien nach Stockholm.

Die »echte« Export-US-Ausführung hatte riesige Sealed-beam-Scheinwerfer und Stoßbügel vorn...

...sowie vergrößerte Rückleuchten und Stoßbügel hinten.

Preises, mußten aber – gegen eine Benzinkostenbeteiligung des Werks – zu Werbezwecken tagtäglich bewegt werden!

Exportiert wurde auch nach Großbritannien. Anfangs kamen die Isetten links- oder rechtsgelenkt (154 Stück) direkt aus München, und wurden dem offiziellen BMW-Partner AFN auf den Hof gestellt. Geändert worden war nur das Finish: So wurden vorn Stoßstangenbügel ähnlich denen der US-Ausführung montiert, unter die Scheinwerfer der Luxusversion kamen Begrenzungsleuchten. Wegen der Rechtssteuerung erhielten übrigens künftig auch in Deutschland alle Export-Modelle eine kleine Montagedelle für den Einbau des Scheibenwischers auf der rechten Seite sowie eine entsprechende Lücke in den Sicken des Bodenblechs rechts vorn.

AFN, der Hersteller des Frazer Nash, hätte lieber nur sportlich-exklusive Wagen wie den BMW 507 abgenommen – und entsprechend lax waren seine Absatzbemühungen. 1955 jedenfalls wurde die Standard-Isetta auf dem AFN-Stand auf der Londoner Earls Court Motor Show vorgestellt und anschließend für 399 Pfund (damals etwa 2260 Mark) feilgeboten. Zwei Jahre später kostete sie nur noch 365 Pfund.

Mit der Suezkanal-Krise 1956 und der daraus resultierenden Benzinverknappung wurden Rollermobile auch in Großbritannien interessant: Die Heinkel Kabine und die BMW Isetta waren plötzlich gefragt. Standard und Armstrong Siddeley lehnten Angebote von AFN ab, das Münchner »Bubblecar« zu übernehmen. Da sprang Ex-Flugkapitän Ronald J. Ashley, Vorständler bei Armstrong Siddeley, in die Bresche – und gründete 1956 die Firma »Isetta of Great Britain«. Sie sollte künftig in einem ehemaligen Lokomotivwerk im Seebad Brighton (mit Bahnanschluß) die BMW Isetta montieren.

Am 2. April 1957 wurde im Londoner Dorchester Hotel vor über 200 Händlern und potentiellen

Großkunden die Brighton-Isetta vorgestellt, übrigens nicht nur als Limousine, sondern auch als Pickup und Kastenwagen. Kein Geringerer als die junge Rennfahrer-Legende Stirling Moss zwängte sich werbewirksam ins Motocoupé. Ob er an die flitzende ISO-«Knutschkugel» der 1955er Mille Miglia dachte, bei der er selbst mit 157,650 km/h Durchschnittsgeschwindigkeit den absoluten Rekord dieses Rennens herausfuhr?

Am 15. April 1957 lief die Produktion auf zwei Bändern an. Sie ging nicht nur ins Inland, sondern auch nach Skandinavien und in die Commonwealth-Staaten. Der erste größere Auftrag über 1.000 Export und Export Cabrios kam tatsächlich aus Kanada.

Gebaut wurden sechs verschiedene Modelle mit wahlweise vier oder drei (!) Rädern – anfangs überwiegend aus deutschen Zulieferteilen (Motor, Getriebe, Karosserieteile, Rahmen), bald zunehmend aus englischer Produktion. Schließlich stammten zwei Drittel aller Teile von 91 verschiedenen englischen Zulieferern. Von Lucas kam die Elektrik, von Lockheed, Bendix oder Girling die Bremsen, von Smiths der Tacho – wo sogar eine elektromagnetisch kuppelnde Halbautomatik (»Smith's Selectroshift«) entwickelt wurde. Sie machte das Kupplungspedal überflüssig, war aber sehr teuer.

Die Drei- und Vierräder aus Brighton gab es auch in der beschriebenen Tropen-Ausführung (Rechts- und Linkslenker), als Cabrio (nur Rechtslenker) und

Rechtslenker-Ausführung der Isetta in Großbritannien. Die vorderen Stoßbügel wurden einsteigefreundlich weiter nach der Seite gekippt als bei der US-Version. Die elektrische Anlage stammte bereits von Lucas.

Wegen der steuerlichen Bevorzugung baute man in Großbritannien zunehmend Dreirad-Isetten.

Präsentation der Brighton-Isetta am 2. April 1957 im Londoner Dorchester Hotel. Der galante Herr ist kein Geringerer als Rennlegende Stirling Moss.

Auch in Deutschland wurde die Dreirad-Isetta angeboten, wenn auch mit wenig Erfolg. Auf diesem Foto wurde kräftig retuschiert.

Die originale Ausführung der dreirädrigen Isetta, die sich aber in Österreich und in Dänemark gut verkaufen ließ.

Pickup (nur Rechtslenker) und selbstverständlich auch linksgelenkt. Die BMW-Ausführungen Cabrio und Pickup waren dagegen auch als Linkslenker lieferbar. Die Rechtssteuerung brachte eine Menge Probleme bei der Lenkung und Schaltung mit sich: Die Lenkwellenführung mußte über die gesamte Breite geführt werden (schwammige Lenkung!), die Schaltung hatte nunmehr zu viele Umlenkpunkte, was die Exaktheit minderte. Die rechtsgelenkten Isetten hatten vergrößerte Stoßdämpfer hinten sowie Tür und Cockpit spiegelbildlich angeordnet.

Einziger Grund ihrer Existenz war die britische Steuergesetzgebung: Dreiräder kosten dort bis heute – genau wie Motorräder – mit 50 Pfund nur die Hälfte der Autosteuer und dürfen überdies mit Motorradführerschein gefahren werden. Dafür waren sie in Sachen Fahrsicherheit sehr bedenklich: Fahrerplatz und Motor rechts sorgten für einen unausgewogenen Schwerpunkt. Deshalb kam auf die linke Seite ein 70-kg-Gewicht – und dies wiederum erforderte den größeren 300-ccm-Motor als Antrieb. Das zulässige Gesamtgewicht wurde freilich nicht erhöht.

Gebaut wurde die englische Isetta bis 1964 in rund 30.000 Stück, davon 25.000 Dreiräder. Daß nicht mehr abgesetzt werden konnten, lag wohl vor allem am Austin/Morris Mini, mit dem 1959 die Ära »richtiger« Kleinwagen begann.

Die Dreirad-Isetta – nahezu identisch mit dem englischem Dreirad – entstand ab März 1959 auch in Deutschland – zum einen für den Export nach Österreich, der Schweiz, Benelux und Dänemark, wo ebenfalls günstigere Steuerregelungen galten, zum anderen für den Binnenmarkt (hier allerdings ohne ABE) – wo sie allerdings keinerlei Vorteile brachten und sich daher kaum verkaufen ließen. 1.606 Dreirad-Isetten gingen nach Österreich, ein paar Hundert Stück nach Dänemark. In der Schweiz nahm sich ein kleiner Fachbetrieb der Isetta an und verpaßte ihr hinten eng zusammenstehende Zwillingsräder, um so mehr Stabiltät zu erzielen.

Romi und Borgward – Lizenzen für Brasilien und Spanien

Die Isetta-Erfolge gingen weltweit durch die Presse. Ähnliches – allerdings direkt in Zusammenarbeit mit ISO – versuchte der Italiener Americo Emilio Romi im brasilianischen Santa Barbara d'Oeste bei Sao Paulo. Getreu dem 1955 geschlossenen Lizenzvertrag bezog der Landmaschinenhersteller Teilelieferungen aus Italien von ISO (Fahrwerk und Aufbau) und Spanien von Borgward-ISO (Motoren), die in Brasilien nach ISO-Muster (aber mit geändertem Interieur) montiert werden sollten. Fortan konnte Romi damit werben, den ersten südamerikanischen Pkw herzustellen.

Am 5. September 1956 begann die Fertigung. Erkennbar sind die ersten Romis an den Scheinwerfern, die nach ISO-Vorbild in die Karosserie integriert waren. Schon ein Jahr später lief dort ein renoviertes Modell, die Romi Isetta Tourisme mit BMW-Scheinwerfern, nach unten verlängerten Vorderkotflügel-Abschlußkanten, veränderten Rückleuchten und italienischen Motoren vom Band, da die spanischen Maschinen als unzuverlässig galten. Oberhalb der Langscheinwerfer waren nun die Blinker installiert.

Firmengründer Americo Emilio Romi, seine Frau und seine Mitarbeiter beim Stapellauf der ersten brasilianischen Isetta.

Das Montageband der Romi-Isetta in Santa Barbara d'Oeste bei Sao Paulo.

Nach nochmaligen marginalen Änderungen 1958 kamen im Folgejahr bei der neuen Romi 300 de Luxe tiefschürfende Änderungen zum Tragen: Chassis, Radaufhängungen sowie der 300-ccm-Motor von BMW (!), quergerippter Motordeckel und seitliche Blinker entsprachen nunmehr ganz dem BMW-Vorbild.

Gegenüber der ISO-Konstruktion gab's von Anfang an eine Einscheiben-Trockenkupplung, eine Vorderachse mit Schraubenfedern und hydraulischen Stoßdämpfern. Ein Lufteinlaß befand sich nur an der Wagenrückseite, Motorhaube, Armaturenbrett, Vierspeichen-Lenkrad und Scheinwerfer unterschieden sich bewußt von der Italo-Kreation.

Romi-Werbung: »Neues Jahr, neues Auto!«

Stolz veröffentlichte das Hausmagazin »Wir von BMW« 1959 das Foto einer Isetta in Japan.

Ausgeliefert wurde die Romi-Isetta grundsätzlich zweifarbig – nämlich in Gelb/Weiß, Blau/Weiß, Rot/Weiß, Grün/Weiß und Orange/Weiß.

1959 starb der Firmengründer, seine Söhne setzten sein Werk fort. Gut ging die Isetta in Brasilien nie, auch die Versuche der Junioren mit größeren Radbremszylindern und anderem Lenkrad konnten den Verkauf nicht mehr ankurbeln. Geplant war sogar der Autocarro-Transporter, dessen 1959er Prototypen freilich nur ISO-Exemplare waren. Selbst die Übernahme des BMW 600 war vorgesehen! Alles vergebens, auch die angestrebte Zusammenarbeit mit Citroen zerschlug sich. Nach 3.090 Exemplaren endete am 1. Dezember 1961 die wenig einträgliche Produktion, überlebt haben rund 200 Stück.

Ebenfalls in der zweiten Hälfte der Fünfziger begann in Spanien die Lizenzproduktion der ISO Isetta mit Zweitakt-Einzylinder – pikanterweise betrieben vom BMW-Konkurrenten Borgward, der auch in anderen Ländern Europas Lizenzproduktionen von Fremdprodukten unterhielt. »Isetta, el coche para todos« – das Gefährt für jedermann – warben die Spanier, allerdings ohne durchschlagenen Erfolg. Bei Borgward ISO Espanola S.A. in Madrid fertigte man neben rund 1.000 Isetten und dem ISO Autocarro-Lieferwagen auch kleine Lkw und Busse anderer Marken.

Produktionsauslauf in Deutschland
Die Isetta war in Deutschland längst nicht mehr allein in ihrem Marktsegment. Firmen wie Heinkel und Zündapp hatten nachgezogen. Besonders erfolgreicher Gegenspieler von BMW wurde der Dingolfinger Hans Glas mit seinem Goggomobil, das ja paradoxerweise Ende der sechziger Jahre unter den Fittichen des einstigen Erzkonkurrenten gebaut werden sollte. Schon Mitte der Fünfziger versuchten die Goggos den Isetten das Wasser abzugraben. Da gab's den Goggo als Limousine und Coupé in mehreren Hubraumausführungen (250, 300 und 400 ccm) und elektrischer Vorwählschaltung – preislich lagen sie jedoch oberhalb der Isetta. Billiger war nur der Messerschmitt-Roller für knapp 2.000 Mark, während das Fuldamobil mit 2.890 Mark, der Spatz mit 2.975 Mark, der Brütsch mit 2.990 Mark, der Kleinschnittger mit 2.985 Mark und der Janus gar mit 3.200 Mark in der Liste standen.

1957 wanderten die kleinen Autos in München auf Halde – obwohl doch gerade die IAA noch sehr kleinwagenfixiert war! Der Trend hin zum komfortableren Automobil ließ das Moto-Coupé eben doch zum Ladenhüter werden. Gerade der Lloyd LP 600 und der Goggo zogen viele Kunden auf sich. Der BMW 600, von dem 1958 genau 15.399 gegenüber 18.538 Isetten in Deutschland abgesetzt wurden, konnte da einfach nicht mit. Immerhin lag die Isetta 1957 mit 33.700 Stück noch auf dem sechsten Platz aller in Deutschland produzierten Autos (Spitzenreiter war VW mit 380.600 Stück).

Bei einer Krisensitzung im Herbst 1957 stand das Schicksal der Isetta schon auf der Kippe. Allein Eberhard Wolff vermochte Generaldirektor Richter-Brohm zum Weitermachen zu bewegen. Damit einher ging eine Preissenkung der 300er auf 2.890 Mark, im Oktober 1958 rutschten die Preise noch weiter herunter: Die Export-Version kostete 2.795 (300 ccm) bzw. 2.695 Mark (250 ccm). Ja, die Preise sanken – sie mußten zurückgenommen werden, weil der Absatz zu stagnieren anfing. Die erhofften fetten Gewinne brachte das Autochen für die Bayern tatsächlich nicht – schon weil die Gewinnspanne einfach zu schmal war. Immerhin holten aber die Kleinen die Gemeinkosten für die unrentablen Großwagen herein.

1958 gab es keinerlei Modifikationen, was dem Absatz gar nicht gut bekam. So ging BMW im Jahr darauf nochmals mit zahlreichen Verbesserungen, Verschönerungen und Extras auf Kundenfang. Nunmehr gab's serienmäßig ein neues, sparsameres Vergasersystem, eine Funkentstörung, der Öleinfüllstutzen wurde verlängert (dazu wurde ein

Mit der Lufthansa-Isetta auf dem Frankfurter Flughafen wurden Prominente und VIP's direkt an den Flieger gefahren.

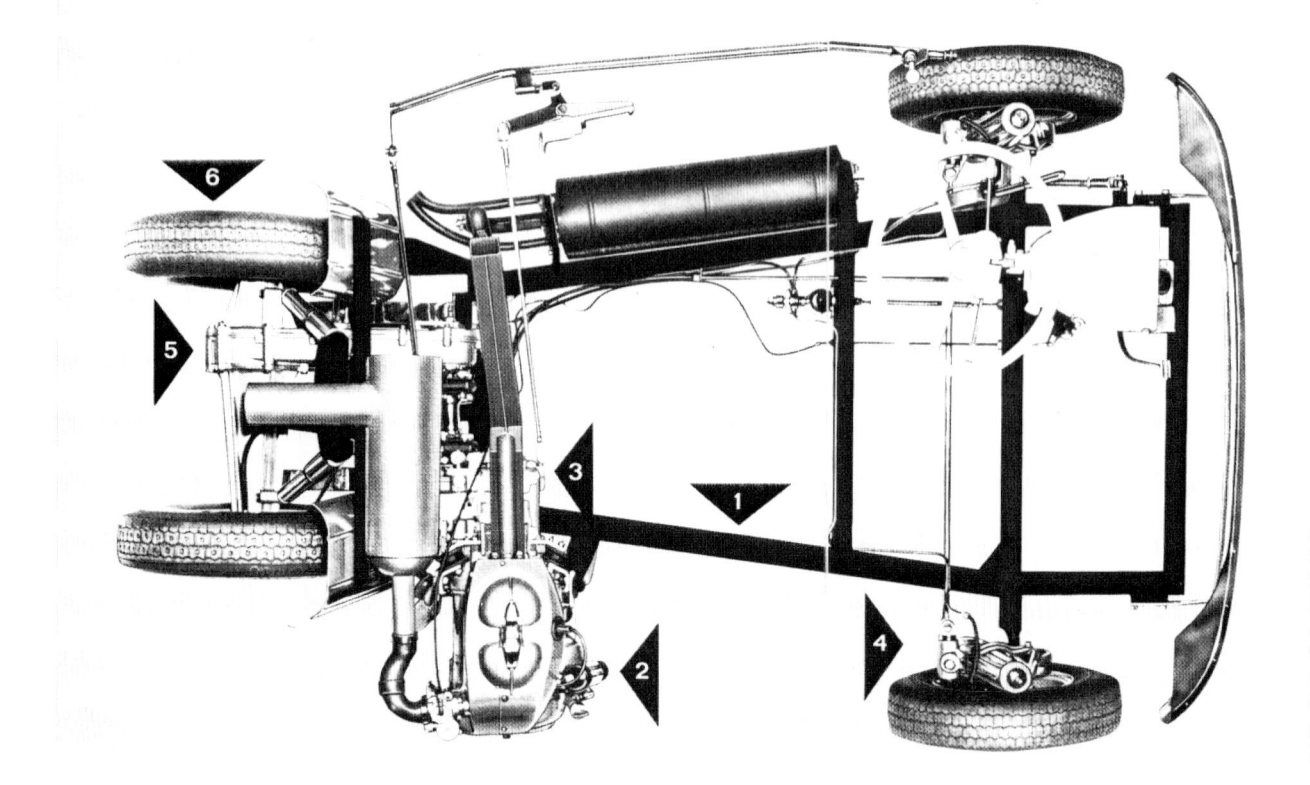

Auch technische Weiterentwicklungen vermochten die Beliebtheit der Isetta nicht noch einmal anzukurbeln. Der Motor war überarbeitet worden (2), gleiches galt für die Schraubenfederung vorn (4) und die gekapselte Hinterachse (5).

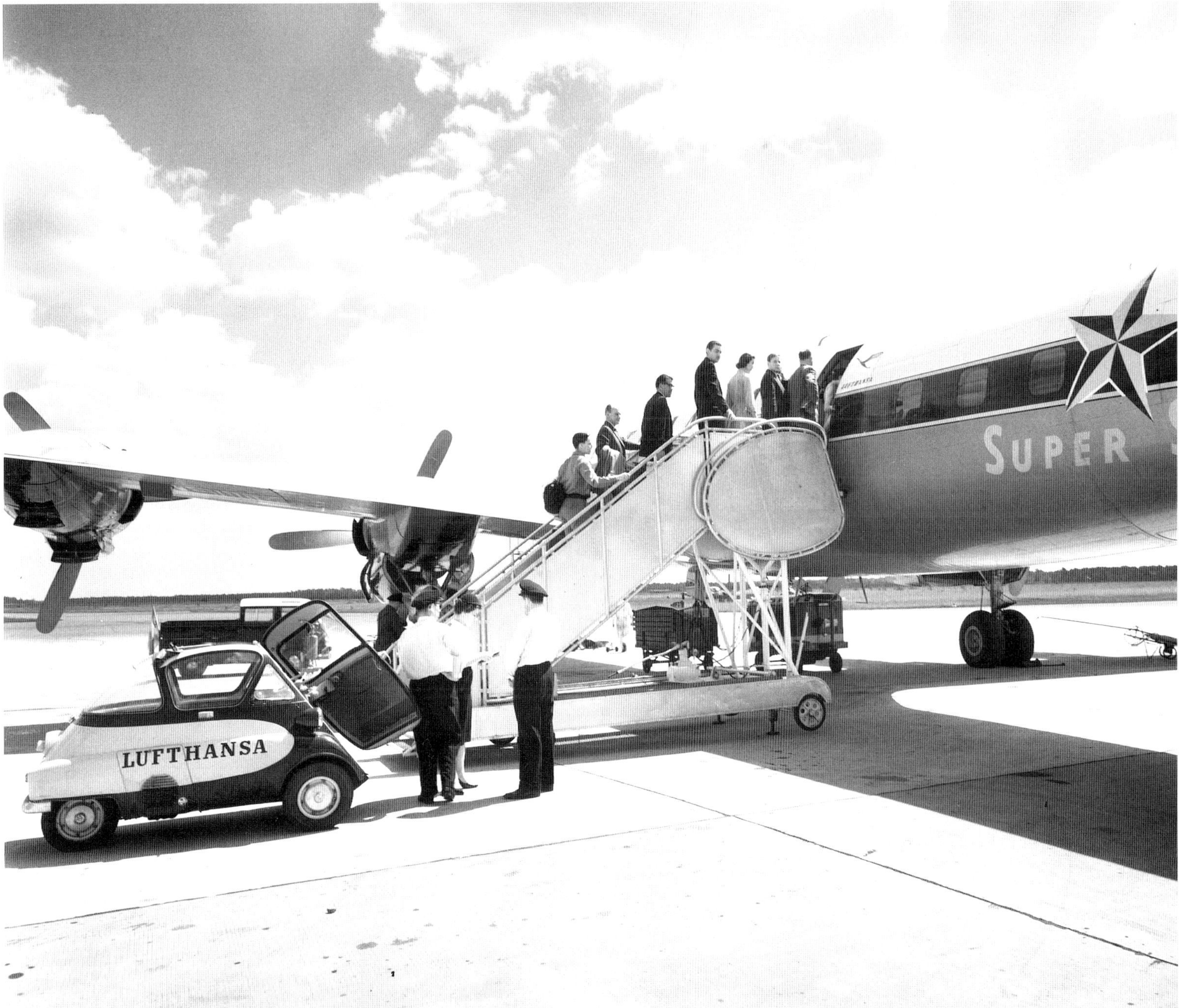
LUFTHANSA
SUPER

Plastik-Peilstab beigegeben) und die Kupplungsbetätigung weicher. Neu waren auch die veränderten Radzierkappen, ein vibrationsfreier Innenspiegel, der neu Schriftzug auf der Fronttür, eine in einer Chromschwinge kombinierte Kennzeichen-Brems-Leuchte mit darüber angeordneten Belüftungsschlitzen und das Einschlüssel-System für Zündung und Türschloß. Serienmäßig war jetzt das Zweispeichenlenkrad. Gegen Aufpreis wurden ein elektrischer Benzinhahn mit Reserveanzeige, der mit dem Einschalten der Zündung die Kraftstoffzufuhr freigab, Alu-Windabweiser fürs Schiebedach und Lichthupe angeboten.

Die 250er Ausführung kostete Ende 1958/Anfang 1959 nur noch 2.650 Mark, die 300-ccm-Version war 60 Mark teurer. Bis zuletzt rechneten die Werbe-Strategen den Kunden vor, wie billig der Unterhalt und Betrieb einer Isetta sei: Da kosteten 100 Kilometer Fahrtstrecke einschließlich aller Nebenkosten nur ganze 3,37 DM (damals kam ein Liter Normal auf rund 60 Pfennig!), »...nicht wenige Frauen halten sich ihre eigene, vom Wirtschaftsgeld ersparte Isetta«. Die Presse stand weiter zur Isetta. So schrieb die Motor-Rundschau noch Mitte 1959: »Die Isetta ist heute die fast ideale zweisitzige Fahrmaschine, sie ist als flinkes, platzsparendes Nahverkehrsmittel nicht zu schlagen!« Es stimmte: Über ein Drittel der Inlandszulassungen bis 500 ccm (Gesamtabsatz deutscher Rollermobile 1959: 70.000 in Deutschland, über 20.000 ins Ausland) entfielen auf den Mini-BMW, der Marktanteil in dieser Hubraumklasse lag bei über 50 Prozent. Fast der ganze Rest kam Glas zugute.

Aber die Zeit der »Schlaglochsuchgeräte« war zu Ende. Noch 1959, als der BMW-Rettungsanker in Form eines ganz neuen Kleinwagens (BMW 700) erschien, sank die Tagesproduktion auf 80 Stück. Trotzdem blieb die Isetta bis zum Mai 1962 im Programm – vor allem wegen des unveränderten Interesses der Klasse-4-Führerscheininhaber am 250-ccm-Modell. Anfang der Sechziger wurde sogar noch an einer Automatic für das bajuwarische Ei gearbeitet, aber nie realisiert.

Alles in allem waren innerhalb von acht Jahren 161.360 Isetten gebaut worden (in Deutschland verkauft 109.760 Stück), davon übrigens fast die Hälfte in der 250-ccm-Ausführung. Doch längst war ihm der autoähnlichere, wendigere 250er Viersitzer-Goggo überlegen, dessen Ausstoß 1960 dreimal höher als der der Isetta war! Das Autochen wurde bis 1968 weiterproduziert, in insgesamt 282.000 Exemplaren! Das BMW-Label erhielt es jedoch nicht, obwohl die Münchner inzwischen Glas übernommen hatten...

Sehr professionell gemacht: Chadwick 300 mit Kunststoffaufbau für Golfer.

Eigenbau Coupé auf Basis der BMW Isetta aus Ungarn.

Einzelstück: Eigenbau-Cabrio mit Überrollbügel und Leder-Vollausstattung.

Praktisch war die Isetta ein Kind ihrer Zeit – aber ein von den Adoptiv-Eltern ungeliebtes. Als zur IAA 1961 mit der Neuen Klasse, dem BMW 1500, der erste Mittelklasse-BMW nach über zwei Jahrzehnten debütierte, ließen die Münchner ihren Winzling fallen wie eine heiße Kartoffel. Ein »bislang bizarres Produktionsprogramm« bescheinigte der »Spiegel« den Bayern. Vertriebsdirektor Paul Hahnemann spottete in einem Interview über die Peinlichkeiten autoklassebewußter BMW-Besitzer: »Wenn der Fahrer eines 3,2 Liter BMW in eine Kundendienstwerkstatt fuhr, mußte er dort damit rechnen, daß aus einer 'Isetta' ein Mann in Krachledernen kletterte und den Herrenfahrer vertraulich grüßte: 'Na, auch BMW-Fahrer?'«

Diese Standesschranken sind längst gefallen. Heute gibt es in Deutschland nur noch rund 2.000 überlebende Kleinst-Mobile von BMW – die meisten davon in der Export-Version – bei Clubtreffen stehen sie tatsächlich gleichberechtigt neben den großen V8-Limousinen. Und finden, dies sei nicht verschwiegen, ob ihrer Knubbligkeit mehr Bewunderer als die prestigeträchtigeren Luxuswagen.

Ganz nebenbei gesagt, wirken sie heute angesichts chaotischer Parkverhältnisse in den chronisch verstopften Innenstädten schon wieder futuristisch. Waren sie vielleicht doch ihrer Zeit voraus?

Kuriositäten und Umbauten

Die Isetta war von Anfang an ein beliebtes Objekt für mehr oder weniger gekonnte Umbauten. Meist standen werbliche Aspekte dahinter, manchmal auch einfache wirtschaftliche Überlegungen. So gab es ein Cabrio mit Überrollbügel und Leder-Vollausstattung; eine Limousine mit Schneepflug; ein Exemplar mit Kufen und Propellerantrieb; einen Isetta-Frontlader und einen Isetta-Mini-Traktor; die Lufthansa-Isetta für den VIP-Service; Koffer-, Pritschen-, Kipper- und Feuerwehr-Versionen; einen Buggy mit Kunststoffaufbau von Apal; einen Isetta-Rasenmäher. Ungarische Bastler bauten Ende der Fünfziger ein kleines Sportcoupé auf Isetta-Basis.

Während die 1957er Isetta Corvair des Amerikaners Randall Krueger mit 110-PS-Corvair-Maschine in den USA, Chevy-Getriebe und riesige »Walzen« eher ein Gag war, entstanden in Amerika von der 300er Isetta 115 Golfwagen mit Kunststoffaufbau für 1175 Dollar als Chadwick 300, hergestellt von Chadwick Engeneering Works Pottstown, Pennsylvania.

Der BMW 600

Einstieg in die 600er Klasse

Die unübersehbaren Absatzeinbußen bei BMW in der zweiten Hälfte der fünfziger Jahre – Anfang 1957 mußte sogar kurzgearbeitet werden – zwangen das Management um die Vorständler Hanns Grewenig und Kurth Donath zum Handeln. Die Nachfrage nach Minimobilen ging zurück, und dies mußten andere Hersteller ebenfalls schmerzlich spüren. Zum einen waren die Menschen den mehr oder weniger behelfsmäßigen PS-Zwergen entwachsen – der Wirtschaftswunder-Wohlstand (bis hin zum Zweitwagen) nahm stetig zu, und die bisherigen Mobile wurden in gleichem Maße zum Gespött. Zu viele Bauteile erinnerten noch an ihre Abstammung vom Motorrad! Blieb also nur die Aufstockung, der allerdings Grenzen gesetzt waren: Oberhalb von 600 ccm stieg die Hubraumsteuer steil an, Motorleistungen über 20 PS zogen erheblich höhere Versicherungsprämien nach sich. Gleichzeitig erlaubte der Fiskus in Deutschland für Fahrzeuge mit mehr als 500 ccm eine Abschreibung von 50 Pfennig pro Kilometer für den Arbeitsweg, Besitzer hubraumkleinerer Vehikel durften lediglich 36 Pfennig absetzen.

1956/57, als die deutsche Automobilproduktion erstmals die Millionengrenze überschritten hatte, etablierte sich eine neue Autokategorie auf dem Weg zur Mittelklasse: die 600-ccm-Klasse – kleine Autos mit mehr Power, Fahrkomfort und Platzangebot als die Kabinenroller, Motocoupés und Kleinstwagen. Das Entstehen dieser Fahrzeugkategorie hatte also weniger technische als wirtschaftliche Gründe und konnte wiederum nur eine Kompromißlösung für wenige Jahre sein. Bei BMW jedenfalls erkannte man die Zeichen der Zeit und handelte, wenn auch erst nach dramatischen Absatzeinbrüchen: Auf der IAA von 1957 präsentierten die Münchner ihren Typ 600, der kurz zuvor im bayerischen Feldafing bei einer Pressekonferenz zum allerersten Mal ins Licht der Öffentlichkeit gerückt worden war. Dem folgten Präsentationen in London, Paris und Turin.

Er ähnelte eher einem kleinen Omnibus als einem »richtigen« Wagen – und hatte als Pendant lediglich den im Vorjahr vorgestellten Frontlenkerwagen Fiat Multipla. Der hatte jedoch keine Fronttür und

Presse-Präsentation des Vorserienmodells mit senkrecht stehenden Rückleuchten in Feldfing am Tegernsee.

Bei der Vorstellung auf der IAA war der BMW 600 dicht umlagert, draußen warteten Interessenten stundenlang auf eine Mitfahrrunde.

war 1.200 Mark teurer als der BMW. »Die Fronttür ist die Grundidee – sie ist aber wohl auch das Haupthindernis auf seinem Weg zum Käufer«, erkannte ein Schweizer Tester. Aus Kostengründen hatte BMW aber das Projekt eines viersitzigen Fahrzeugs mit im Heck querliegenden, wassergekühlten Vierzylindermotors in einer selbsttragenden Karosserie in Standard-Form verworfen, das noch im Sommer 1956 vom Vorstand gutgeheißen wurde. Dies jedenfalls behaupteten die Konstrukteure Fiedler, Wolff, Böning, von Falkenhausen und Hofmeister, als sich zwei Jahre später der BMW 600 als Flop erwies. Die ersten Entwürfe für dieses Auto stammten übrigens von Graf Goertz, in Form gebracht von Johann König, der auch den 507 modelliert hatte. Die ursprünglich gestreckte Linienführung paßte allerdings Direktor Wilhelm Black und Designchef Wilhelm Hofmeister gar nicht – und so kam das Auto zu seiner gedrungenen Form.

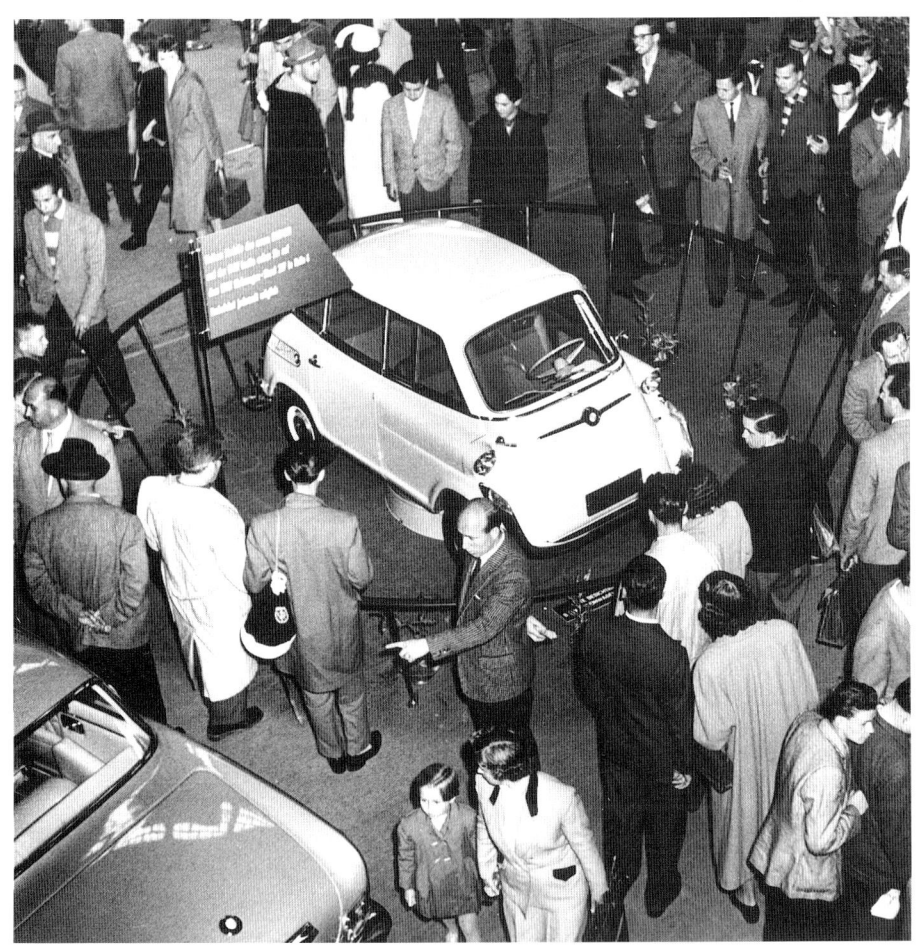

»Auf in den Kampf, 600er!« titelte die »hobby« im Februar 1958. Mindestens acht viersitzige Modelle verschiedener Hersteller waren inzwischen auf den Markt geworfen worden, mit ähnlicher sparsamer, langlebiger Motorenauslegung und weit unterhalb der Unterhaltskosten für den ansonsten gleich preiswerten Volkswagen Käfer. »Da die meisten Kleinwagen an Motorleistung und Innenraum ungefähr dasselbe bieten und auch etwa gleich viel in Anschaffung und Unterhalt kosten werden, dürfte ein heftiger Konkurrenzkampf entbrennen«, orakelte die »hobby«. Die Zeitschrift errechnete sogar den Jahresfixkosten-Unterschied (einschl. Abschreibung und Verzinsung): Ein 300er lag bei rund 1.000 Mark, ein 600er kam auf etwa 1.400 (davon jährlich Steuer 87,– und Haftpflicht 126,–), und der Käfer war pro Jahr 1.700 Mark teuer. Zum Vergleich: Der Opel Rekord kostete seinen Besitzer gar 2.200 Mark jährlich, ein Mercedes 220 S ließ sich nicht unter 3.600 Mark betreiben.

Stilistisch herausragend unter seinen Konkurrenten vom Schlage des Fiat 500 und 600, des Glas T600, des NSU Prinz und des Lloyd 600 Alexander blieb freilich der BMW 600, den der Hamburger »Spiegel« eine »abstruse Kleinwagen-Novität« nannte. Der erste Prototyp mit großem BMW-Motorradmotor entstand Mitte 1956 und war nichts anderes als eine verlängerte Isetta mit 300-ccm-Motor. Hanns Grewenig hatte bei Bundeswirtschaftsminister Ludwig Erhard, dem »Vater« der sozialen Marktwirtschaft, eine Sieben-Millionen-Bundesbürgschaft für dieses Auto lockermachen

Die hauseigene Entwicklungsabteilung sowie freie Designer, darunter Graf Goertz, entwarfen zahlreiche Modelle oberhalb der Isetta, die sämtlichst abgelehnt wurden.

Ursprünglich war der BMW 600 ohne Seitentür, aber mit Klappdach vorgesehen. Glücklicherweise entschied man sich dann doch für die zusätzliche Tür.

können. Alles in allem kostete der Produktionsanlauf dann 8,9 Millionen Mark.

BMW-Liebhaber erhofften seit langem eine Aufstockung Richtung Mittelklasse, ein kleines Auto mit sportlichem Touch wäre zu jener Zeit genau richtig gewesen. Private Versuche mit BMW-Motorrad-Boxern in Fahrgestellen des Fiat Topolino und des Dyna-Veritas gab es zu Genüge – und begeisterten! Hinter den Kulissen hatte man sich bei BMW freilich längst schon mit der Mittelklasse beschäftigt. So entwickelte Graf Goertz, der ab Ende 1954 drei Jahre lang für die Münchner arbeitete, ein regelrechtes Baukastensystem. Darauf basierend wurden 1956 der Mittelklasse-Prototyp 570 (ohne Motor) und der Oberklässler 580 (mit Sechs- oder Achtzylinder) geformt – mit weitgehend austauschbaren Karosseriekomponenten.

Das BMW-Management aber setzte lieber auf Bewährtes, hoffte wohl mit dem rundlichen Viersitzer, Aufsteiger von der Isetta zu gewinnen. Denn sie bekamen nunmehr ein rundum verbessertes Auto geboten, gut verarbeitet, mit kultiviertem Motor und relativ viel Leistung.

Man hatte den Rahmen einer Isetta nach hinten verlängert, den Aufbau in Höhe des hinteren Klappverdeckendes aufgesägt und ein rundliches Heckteil (einen halben Meter länger als das Isetta-Heck!) mit einer Hinterachse angepaßt, deren Spurweite der der Vorderachse entsprach. Aus Kostengründen blieb es bei der Isetta-Fronttür und dem Klappverdeck. Hinterbänkler mußten nach Vorklappen des rechten Vordersitzes durch das Fahrzeug durchklettern.

Den Spitznamen »Große Isetta« oder »Doppelisetta« konnte der BMW 600 auch später nie mehr ablegen, obwohl er schon in der zweiten Prototypenfassung (erkennbar an den aufgepappten Rückleuchten) hinten rechts eine Seitentür erhielt – und mit dem größeren 600-ccm-Motor zum »richtigen Auto« mutiert war. Die zweite Tür soll übrigens dem ab 1956 tätigen BMW-Betriebsratschef Kurt Golda zu verdanken sein, der mit der Prophezeiung, daß das Fahrzeug allein mit der Isetta-Tür aus Sicherheitsgründen keine ABE erhielte und damit Hunderte von BMWlern ihren Arbeitsplatz verlieren würden, den Vorstand zu dieser Lösung drängte. Immerhin: Die Mitbewerber (außer dem viersitzigen

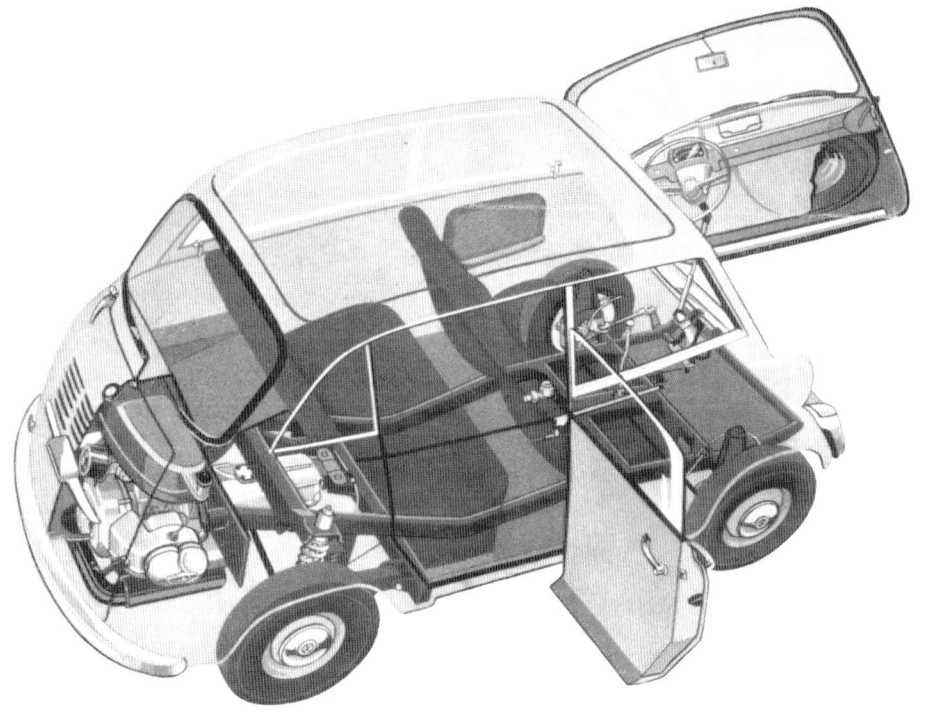

Zündapp Janus) verfügten eben über zeitgemäß gestaltete Autos mit konventionellen Front- und Heckpartien – und natürlich mit je zwei seitlich öffnenden Türen... Die Kunden dürfte die 600er-Lösung kaum vom Hocker geworfen haben: Zu viel erinnerte an »ihre« Isetta-Zeit. Und gleichsam als abschreckendes Beispiel wurden die BMW-Bubblecars ja weiter angeboten.

Doch die wirtschaftliche Lage wurde immer schlimmer. BMW machte 1956 trotz des Verkaufs seines Allacher Zweigwerks an MAN derart hohe Verluste (11,3 Millionen), daß der Hauptaktionär – die Deutsche Bank – den Vorstand auswechselte. So folgte im März 1957 der Jurist Dr. Heinrich Richter-Brohm dem bisherigen Chef Kurt Donath auf den Chefsessel. Von heute auf morgen konnte auch er der Finanzmisere des Traditionsherstellers kein Ende bereiten – aber zumindest die Weichen neu stellen. Das tat er, indem das bislang eher

Eine vorzügliche Platzausnutzung kennzeichnete den BMW 600. Er sollte übrigens das letzte Modell mit einem eigenen Chassis sein.

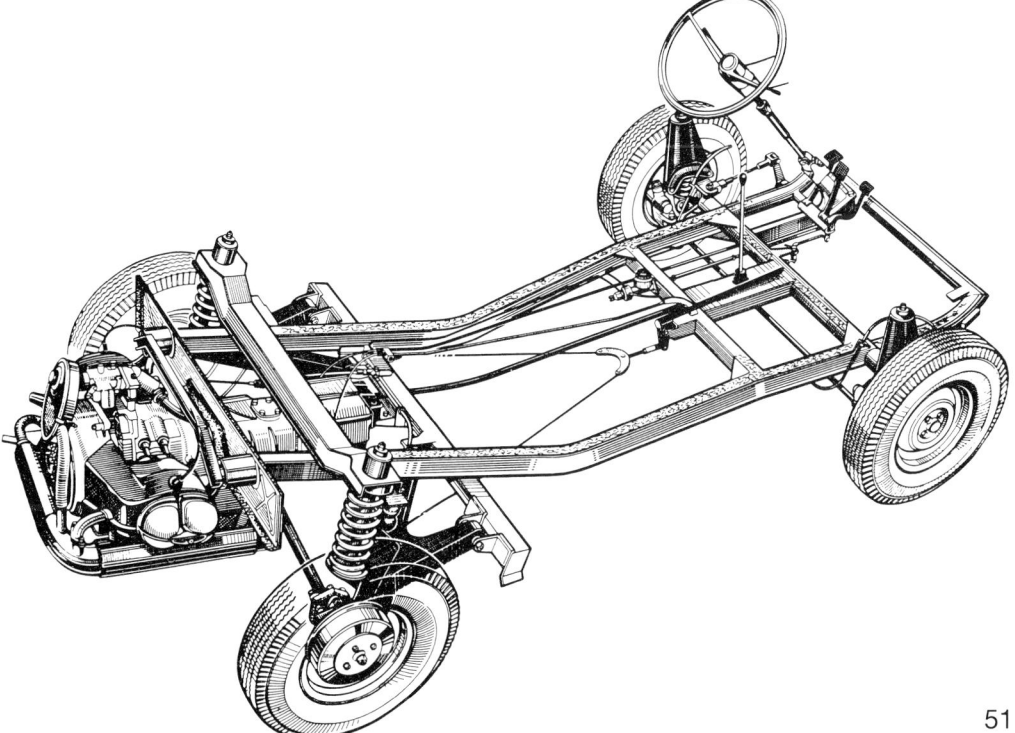

Das robuste Fahrgestell des BMW 600.

halbherzig betriebene 600er-Projekt forciert wurde. Daß sich oberhalb der magischen 600er Grenze, aber noch unterhalb der Mittelklasse, eine regelrecht neue Hubraumgrenze etablieren würde, ahnte damals noch niemand.

Der neue BMW-Viersitzer
Der auf der Frankfurter Automobilausstellung im September 1957 präsentierte Wagen erinnerte zwar nach wie vor an die Isetta, doch hatte man mit geschickten Retuschen Akzente gesetzt. Die Serienproduktion begann schließlich noch im Dezember, bis zum Jahresende entstanden immerhin 320 Stück.

Die Fronttür mit der neuen Lenkungsführung (das steiler stehende Zweispeichen-Lenkrad mit 38 cm Durchmesser war am Armaturenbrett fixiert, die Lenksäule besaß nunmehr zwei Kardangelenke und eine Schiebehülse) unterschied sich jetzt von der Isetta-Pforte. Sie war etwas größer als die der Isetta: 135 cm hoch, 101 cm breit (Scheibe 48 cm hoch und 89,5 cm breit). Überdies wurde die untere Scheibenhälfte im mittleren Bereich entsprechend der Wölbung nach unten verlängert. Rechts hinter der Innenverkleidung der Tür fand übrigens – nach dem Lösen zweier Rändelschrauben – das Ersatzrad seinen Unterschlupf. Kein ge-

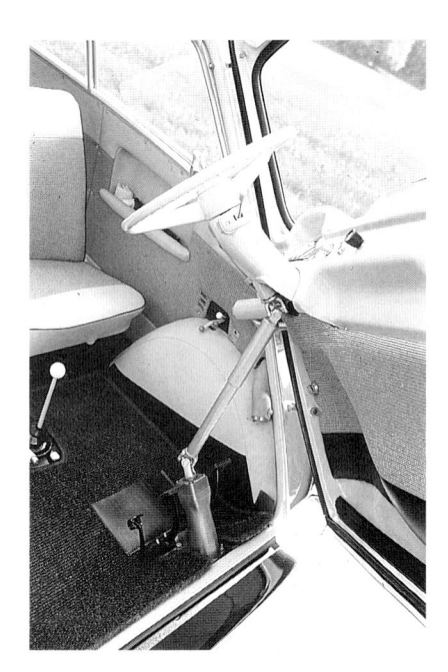

ringerer als der italienische Designer Giovanni Michelotti entwarf eine kühn geschwungene, neue Vorder-Stoßstange mit integrierten Blinkern (nicht aber die gesamte Karosserie, wie in einem großen Test der »Automobil Revue« behauptet wurde). Scheinwerferpartie und »Schwalbe« stammten von Pininfarina. Die neue Karosserie ermöglichte nun hochstehende Scheinwerfer, die sogar mit asymmetrischem Abblendlicht versehen waren. Eine spätere Serie hatte etwas längere Scheinwerfertöpfe als die frühen BMW 600.

Von Michelotti stammte auch das gefälliges Armaturenbrett, das über die ganze Breite der Fronttür reichte. Darin saßen vor allem der riesige, halbovale Tacho bis 120 km/h einschließlich der Kontrolllampen für die Lichtmaschine (Ladekontrolle), die selbstzurückstellenden Blinker und für das Fernlicht. Rechts davon befanden sich der Zugknopf für die serienmäßigen zwei Scheibenwischer (ab 1958 mit selbsttätiger Rückstellung), in der Mitte das Zündschloß (Einschlüssel-System!), rechts an

Schiebefenster vorn, rahmenlose Türscheibe hinten, Doppelscheibenwischer, riesige Chrom-Stoßstange – der BMW 600 machte wirklich etwas her.

**Ganz neu am BMW 600: Lenkungsführung durch zwei Kardangelenke und Schiebehülse, Zweispeichen-Lenkrad, Handbremsbetätigung in Wagenmitte unter der Sitzbank, Mittelschalthebel mit davorliegendem Schaltschloß.
An den Motor kam man problemlos durch eine große Heckklappe heran.**

der Lenksäule war die Betätigung für Blinker, Hupe, links für Licht und Lichthupe. Links an der Seitenwand oberhalb des Radhauses befanden sich Shoke, Heizungs- und Benzinhahn-Betätigung. Die Innenlampe saß oben über dem rechten Schiebefenster, für den Fahrer war eine Sonnenblende angebracht. Armaturen und Bedienhebel waren tatsächlich gut plaziert. »Unter allen Kleinwagen am liebevollsten ausgestattet« urteilte daraufhin der »Stern«. Lediglich der Handbremshebel tief unter der Sitzbank erforderte Gelenkigkeit.
Von einer B-Säule konnte man nun nicht mehr sprechen. Vielmehr nahm BMW die Idee der City-Spaceshuttles voraus und bot der Kundschaft ein voluminös-molliges Gebilde »im Transporter-Stil« (wie man dies seinerzeit umschrieb) mit Dachträgern lediglich an den vier Ecken, die einen Super-Rundumblick ermöglichten. Überdies kam der vorbildlich geräuschgedämpfte Innenraum voll den Passagieren und ihrem Gepäck zugute: »Fahrender Raum«, nannte dies die BMW-Werbung, oder auch »Innen größer als außen«, ein Reklamespruch, der später von vielen anderen Herstellern gekupfert wurde. Es stimmte jedoch – in der 600er

Längst vergessen: Der Spruch »Innen größer als außen« stammt nicht von den Wolfsburgern!

Klasse konnte dem BMW in Sachen Geräumigkeit nur der erheblich teurere Fiat 600 Multipla das Wasser reichen.

Die vordere, nunmehr durchgehende Sitzbank mit der schalenförmigen Lehne (zwar mittels Flügelschrauben verschiebbar, aber – abgesehen von den gegen Aufpreis erhältlichen Liegesitzbeschlägen – nicht in der Neigung zu verstellen) war knapp 1,12 m schmal, da ihre Vorderkante zwischen den Radhäusern positioniert war. Zu schmal angesichts der breiten vorderen Spur, aber auch dies war ein Zugeständnis an die Isetta-Herkunft. Für 110 Mark bot BMW einzelne Vordersitze. Seitlich befanden sich 4 cm tiefe Ablagefächer mit Armauflagen in der Verkleidung, die die Ellbogenfreiheit noch vergrößerten. Die zwei Hinterbänkler hatten immerhin 122 cm zur Verfügung. Unter ihrer Sitzgelegenheit waren Wagenheber, Bordwerkzeug und Batterie untergebracht.

Links bekamen die Passagiere zwei, rechts vorn zumindest ein Schiebe-Seitenfenster spendiert (feststehende, rahmenlose Seitentür-Scheibe). Und hinter der vorklappbaren Hecksitzlehne war Platz für zwei Koffer – genauer: für lediglich 100 Liter Gepäck. Dafür aber ließ sich die Hecksitzbank bei Bedarf ganz herausnehmen! Das riesige, VW-mäßige Schiebedach gab's nur gegen 250 (1959: 210) Mark Aufpreis, inbegriffen war dann die niedrigere Abpolsterung der vorderen Sitzbank.

Angeboten wurde der 600 von Anfang an in einem recht großen Farbspektrum. Im Verkaufspreis inbegriffen war eine einfarbige Lackierung in Weißgold, Azurblau, Federweiß, Hellelfenbein, Cortinagrau, Korallenrot oder Türkis. Für 45, ab Mitte 1958 für 60 Mark Aufpreis war der 600 auch zweifarbig lieferbar: Weißgold/Hellbeige, Azurblau/Cortinagrau, Japanrot/Cortinagrau, Korallenrot/Sanddünenbeige, Türkis/Hellttürkis.

Was 600-Besitzer heute freut: Die auch im vorderen Bereich sehr dichte Karosserie bestand aus 0,88 mm starkem Stahlblech, das den Witterungsunbilden lange trotzen konnte. Ebenso erfreulich ist die leistungsfähige Heizung mit ihrem dosier- (für die Frontscheibe) und richtungslenkbaren Heizungsstrom (für den Fußraum vorn und hinten). Käfer-Fahrer konnten davon nur träumen. Aber leider kam die warme Luft für Heizung und Defroster nur von der linken Seitenwand her, die rechte Seite heizte sich dann sehr langsam auf.

Das Fahrgestell bildete nunmehr einen mit Querträgern verstärkten, rechteckförmigen Rohrrahmen. Der vordere Chassisteil entsprach fast völlig dem der Isetta. Die Spurweite der mit Nadellagern besser gelagerten Vorderachse wuchs um lediglich 2 cm. Doch alles in allem geriet die von der Isetta übernommene Schwingarm-Konstruktion nicht sonderlich glücklich: Die Vorderradaufhängung machte sich durch Härte und Stoßempfindlichkeit unangenehm bemerkbar. Auch die Spindellenkung einschließlich der beim Lenkeinschlag mitdrehen-

600er mit VW-mäßigem Schiebedach. Wegen der verringerten Innenraumhöhe wurde die vordere Sitzbank abgepolstert.

den Federelemente stammte vom kleinsten BMW-Modell. Statt der 4.80-10-Reifen kamen nunmehr 5.20-10-«Walzen« zum Einsatz, mancher BMW-600-Besitzer verwendet heute 145 SR 10-Gürtelreifen.

Ganz anders die von Fritz Fiedler und Rudolf Schleicher neu konstruierte, über lange Jahre topaktuelle Hinterachskonstruktion: Die an einer Schräglenkerachse (nicht an einer simplen Pendelachse!) einzeln aufgehängten Räder wurden durch leicht angewinkelte Dreiecksquerlenker geführt. Die Schraubenfedern mit den innenliegenden hydraulischen Teleskopstoßdämpfern stützten sich dabei an einer Traverse ab. Die hintere Spurweite war ganze 6 cm geringer als die der Vorderachse; gegenüber der Isetta wuchs der Federweg auf 160 mm. Vorn waren es jetzt 120 mm. Die Abstimmung des Fahrwerks geriet so gut, daß die typischen Isetta-Nickbewegungen fast verschwanden. Radstandbedingt blieben dennoch Nachteile, so ging der Wagen vorn beim Bremsen in die Knie. Der Schwerpunkt des Autos lag jetzt, im Gegensatz zur Isetta, beim unbeladenen Auto auf der Hinterachse. Doch je nach Gewichtsverteilung erwartete die Besatzung ein unterschiedliches Fahrverhalten: Nur mit dem Fahrer besetzt, schmierte der 600er gern über die Vorderräder weg.

Im Heck des neuen 600, hinter der Hinterachse, werkelte ebenfalls ein bewährter Motorradmotor: der zweizylindrige Boxermotor aus der BMW R67/3, nun allerdings zugunsten des Getriebeanbaus in ein vergrößertes Leichtmetall-Kurbelgehäuse gesteckt. Das im Motorrad 28 PS leistende Triebwerk wurde wegen der 20-PS-Versicherungsgrenze auf 19,5 PS gedrosselt. Erreicht wurde dies mit einer Verringerung des Hubs und einer relativ niedrigen Verdichtung von 6,8:1 (wie bei der Isetta, das Motorrad hatte nur 5,6:1). Dazu kamein ein über dem Motor eingebauter 28er Zenith-Drosselklappen-Vergaser KLP1 statt zweier 24er Bing-Schieber-Vergaser (der aber wegen Problemen bei Kurvenfahrt später gegen den 28 KLP3 ausgetauscht wurde) sowie ein nunmehr nicht mehr rechts, sondern links verlaufender Auspuff.

Dafür glänzte die 600er Maschine mit einem prächtigen Drehmoment: Schon ab 1000 Touren lieferte der robuste, überaus elastisch ausgelegte Motor ausreichend Durchzug. Reinhard Seiffert von der »Auto, Motor und Sport« bezeichnete das Triebwerk gar als »katzenhaft geschmeidig und leise laufend«.

Der 582-ccm-Boxer mit versetzten Zylinderachsen und zweifach gelagerter, wälzgehärteter Kurbelwelle auf Rillenlagern verfügte über einen Leichtmetall-Zylinderkopf mit halbkugelförmigem Brennraum. Die Heizbirne war zwar beim Prototyp bedeutend leichter als die der Isetta, in der Serienausführung lief sie fast um den Motor herum und war entsprechend schwerer. Sämtliche Filter konnten übrigens gegen Aufpreis gegen bessere Feinfilter ausgetauscht werden. Nach unten war der Motor so abgeschottet, daß die Strahlungswärme des Auspuffs tatsächlich isoliert war.

Das günstige Bohrung-Hub-Verhältnis von nunmehr 74 x 68 mm (Motorrad 72 x 73 mm) ermöglichte bei 4500 U/min Nenndrehzahl eine vergleichsweise niedrige mittlere Kolbengeschwindigkeit von

Wegen seiner Baulänge ließ sich das Radio nur schrägstehend in die Seitenverkleidung einbauen.

10,2 m/s – zum Vergleich: Die Isetta-Kolbengeschwindigkeit betrug über 12,5 m/s. Bei 100 km/h drehte der Motor bis 5200 Touren.

Angelassen wurde der Motor über die bei der Isetta bewährte 12-Volt-Dynastartanlage, die Kühlung besorgte wiederum eine Gebläsekühlung, da ja die Zylinder nicht mehr direkt vom Fahrtwind angeströmt wurden. Dynastart und Gebläse flanschte man direkt an die dem Getriebe gegenüberliegende Seite der Kurbelwelle an. Damit wurde die Antriebseinheit nicht zu lang und blieb gleichzeitig flach genug. Viele Fahrzeuge erhielten eine thermostastische Ansaugluft-Regulierung, die über eine Bimetallfeder angesteuert wurde.

Das Kaltstartverhalten des BMW 600 war übrigens sehr gut. Anfangs sorgte eine recht gefährliche Konstruktion – nämlich ein zum Vergaser führendes, in den Auspuff gestecktes Röhrchen für die Vorwärmung. Später wurde die Ansaugluft mittels einer viel eleganteren Thermostatsteuerung vorgewärmt. Guten Zugang zum Triebwerk – was Einstellarbeiten an Vergaser und Zündung erleichterte – hatte man nunmehr über eine große Heckklappe mit horizontalen Belüftungsschlitzen. Der Tank (Fallbenzin) saß selbstverständlich auch hinten.

An den an zwei Metall-Gummiblöcken elastisch aufgehängten Motor angeblockt, diesmal aus Gründen der Gewichtsverteilung über der Hinterachse, war das an einem weiteren Metall-Gummiteil nach oben gesicherte Vierganggetriebe mit Rückwärtsgang, diesmal sogar vollsynchronisiert. Geschaltet wurde über einen in Wagenmitte vor der Vorderbank stehenden Schaltknüppel. Der erste Gang brauchte kaum in Anspruch genommen zu werden, allenfalls beim Anfahren oder bei extremen Steigungen. Die Kraftübertragung zu den Hinterrädern erfolgte über zwei je zweifach gummigelagerte Wellen. Die Geräuschdämmung jedenfalls war so gut, daß sie Dr. Paul Simsa 1957 bei der Gesamteinschätzung des Wagens als extrem wichtigen Vorteil nannte: »Der 600 ist ein echter Viersitzer, ist tadellos gefedert und hat ein ohne jegliche Vibration arbeitendes, kräftiges Triebwerk.«

Lob überwog, selbst wenn milde Kritik geäußert wurde wie 1958 in »Kleinwagen, Roller, Mobile«: »Wenn wir diesem quicklebendigen Fahrzeug mit seinen ausgezeichneten Fahreigenschaften noch etwas wünschen dürfen, dann ist es eine ausreichende Sonnenblende und ein abblendbarer Rückspiegel, denn die Blendgefahr ist bei dem sehr niedrig auf der Straße liegenden Fahrzeug nicht gering.«

Trotzdem ein Flop

Auch im Motorsport wurde der BMW 600 eingesetzt: bei Zuverlässigkeitsfahrten, Verbrauchsprüfungen und Rallyes, wo Spitzenleute wie Helm Glöckler, Hans Stuck und BMW-Sportchef Alex von Falkenhausen auf getunten 600ern starteten.

Der 600er ließ sich ohne weiteres vor den Eriba Puck spannen.

Zwölfstündiger Geschwindigkeits- und Verbrauchswettbewerb auf dem Hockenheimring: Durch die Windschatten-Strategie wurden die BMW 600 Klassenbeste.

Bei der Internationalen Tauernfahrt 1959 siegte BMW-Konstrukteur und -Rennchef Alexander von Falkenhausen in der Klasse bis 700 ccm.

Per Luftfracht gingen am 18. Dezember 1957 die ersten zwei BMW 600 nach Amerika.

Bei der Internationalen Österreichischen Alpenfahrt 1958 trug BMW den Klassensieg davon, drei Goldmedaillen, der Mannschaftspreis in Gold und ein Silberpokal für die Bestzeit der Bergprüfung wurden erkämpft. Bei den 12stündigen Dauer- und Verbrauchsprüfungen für Kleinwagen bis 700 ccm auf dem Hockenheimring 1958 und 1959 glänzte der BMW 600 ebenso. 5,22 Liter/100 km bei einem Schnitt von 97,3 km/h waren 1958 das Ergebnis! Honegger/Bieling erreichten 1959 den Minimalverbrauch von nur 4,82 Liter/100 km, Robert Poensgen kam beim Mobil Economy Run 1959 auf sage und schreibe 4,425 Liter/100 km.

Man wagte sich sogar zu den damals populären Schönheitswettbewerben; 1958 gab's in Wien bei einem Concours d'elegance in der Klasse bis 750 ccm den ersten Platz. Ernstzunehmender war die Nonstopfahrt des Isetta-erprobten Testerpaars Schweder/Botschen: Im Oktober 1957 fuhren sie vom marrokanischen Agadir nach München. Diese Tour wurde übrigens 1989 von den BMW-Kleinwagen-Enthusiasten Bernd Campen und Hanfried Gehlig wiederholt.

Doch trotz aller positiven Journalisten-Kritik – deutsche Tester beurteilten damals Produkte der landeseigenen Hersteller stets sehr wohlwollend – entwickelte sich der BMW 600 zum Mauerblümchen. Selbst Werbechef Oskar Kolk urteilte später: »Der 600 war ein Omnibus en miniature – ein durch und durch verunglückter Zwitter!« Dr. Simsa hatte es anders gesehen: »ein sehr fortschrittliches Kleinauto, dessen Nutzwert durch eine sorgfältige Ausstattung besonders schmackhaft gemacht wird. Man hätte ihn Dixi nennen sollen – sofern dies kein Sakrileg ist!« Die BMW-Werbung aber war weniger bedächtig: Im 1958er Prospekt wurde das kleine Auto von den Nobeltypen 502, 503 und 507 umrahmt. Unterzeile: »BMW 600. Ein echter BMW.«

Angesichts der tatsächlichen Konkurrenz war er einfach zu teuer: Mit 3.985 Mark lag das Wägelchen rund einen Tausender höher als die stärkste Isetta, der Fiat 500 kostete rund 3.500 Mark. Andere, deutsche Autos wie die Goggomobile T400 (3.237,-), TS 400 (3.742,-), T600 (4.330,-), Lloyd Alexander (4.158,-) und NSU Prinz I (3.739,-) lockten nicht nur mit dem Preis, sondern auch mit der Form. Überdies wurde ja mit diesem Auto nicht mehr der Kreis alter Führerschein-Klasse-4-Besitzer angesprochen. Technikvorstand Wilhelm Black bekam im Nachhinein den Schwarzen Peter hingeschoben: Er hätte den 600 als Nonplusultra gesehen und gewaltige Stückzahlen von fast einer halben Million im Auge gehabt.

Da half alles nichts – wenn etwa beteuert wurde »Er bietet mehr, als er kostet, und leistet mehr, als er verbraucht«: Tatsächlich genehmigte sich der BMW 600 durchschnittlich 6 Liter auf 100 km. Aber das schaffte die Konkurrenz eben auch! Weil sich die erhofften Gewinne nicht einstellen mochten, versuchte BMW Anfang 1958 kurzzeitig, die Ausstattung unauffällig abzumagern: Das asymmetrische Abblendlicht, die Sonnenblende, Dämmatten im Motorraum, die Innenbeleuchtung und der Einstiegs-Hilfsgriff sollten eingespart werden. Wegen des Protests der Kundschaft mußte dies zurückgenommen werden.

Auch die Politik der Extra-Angebote, keine BMW-Erfindung übrigens, brachte kaum Gewinn. Die Münchner boten nichtsdestotrotz viele nützliche und einige weniger nützliche Dinge an: die obligate, aber als Extra aufgeführte Frischluft-Gebläseheizung (95,-); Zigarettenanzünder (8,-); Fondaschenbecher (5,50); Bodenmatten (Satz 44,20); Vorderrad-Spritzschutz (Satz 19,75); Steinschlagecken vorn; abschließbarer Tankdeckel (9,40) und Heckklappenverschluß (8,-); elektromechanischer Benzinhahn; Nebel- (20,50) und Rückscheinwerfer (12,-); Sonnenblende und Schminkspiegel rechts (12,50); Sonnenblende links (10,50); Langloch-Radzierblenden (je 9,80); Windabweiser fürs Seitenfenster (19,80); Dachgepäckträger (96,-) und Innenleuchte (4,-). Merkwürdigerweise gab es nie eine abschließbare Seitentür, diese mußte immer von innen entriegelt werden.

Ein Blaupunkt-Radio ließ sich rechts – wegen der Baulänge – schrägstehend in die Seitenverkleidung einbauen, für außen bot »Nordland« 26 cm breite Front-Sonnenblenden. Die »Schute in Schlichtversion« war nur 17 cm breit. Allerdings verschlechterte sich wegen des Auftriebs dann gerade bei höherer Geschwindigkeit die Lenkbarkeit des Autos. Vorn vor dem Getriebe befestigt, unter dem Motor verlaufend und hinten an der Stoßstangenaufnahme fixiert, konnte eine Anhängerkupplung für 350 kg Zuglast montiert werden. Damit ließ sich beispielsweise der Eriba Puck ziehen.

Schließlich konnte man seinen BMW 600 noch zum Campingfahrzeug umrüsten. Ein »Groß-Kombisitzbeschlag« (also ein Liegesitzbeschlag) war für 38,50 Mark zu haben, dazu empfahlen die Händler ein Fußbrett mit Beschlag (12,50) oder einen Cam-

Tatsächlich erhielten die US-Ausführungen später die charakteristischen Bügel und die aufgesetzten Riesen-Scheinwerfer.

Bereits 1955 hatte der Landmaschinenhersteller Fahr einen Pritschenwagen für 620 Kilo Zuladung entwickelt. Das Auto verfügte über Komponenten, die später dem BMW 600 zugute kamen.

pingtisch zugleich als Fußbrett (34,-). Kokosmatten und Schaumstoffkeile kosteten weitere 50 Mark – so gerüstet ließen sich auch die Nächte im BMW verbringen.

Wegen des separaten Rahmens entstanden überdies verschiedene Umbauten vom Strand- oder Jagdwagen bis hin zum schicken Coupé mit Kunststoffaufbau, wie es als »Sportsmann« von einer kleinen Firma gefertigt wurde. Selbst ein sehr gefälliges Eigenbau-Cabrio entstand, allerdings unter Verwendung von BMW-700-Karosserieteilen. Wie viele andere Minis jener Jahre konnte ab 1959 auch der BMW 600 mit der »Saxomat« von Fichtel & Sachs versehen werden: Einer elektropneumatisch geschalteten Kupplung, die das Kupplungspedal überflüssig machte: Bei Berührung des beweglichen Kopfs des Schaltknüppels wurde aus- und eingekuppelt; das Einkuppeln beim Anfahren erfolgte via Fliehkraft. Motor-Rundschau-Tester Johannes Spira, der fälschlicherweise Störungen nur durch eine falsche Leerlauf-Vergasereinstellung befürchtete, war ansonsten zuversichtlich: »Gibt es doch gerade in dieser Hubraumklasse genügend Anfänger oder Wenigfahrer, die unter Schaltangst leiden. Für sie ist der Kupplungsautomat nicht nur eine Eselsbrücke.« Allerdings war diese 250 Mark teure Zusatz-Einrichtung dann doch so sensibel, daß viele Saxomat-Fahrer ihr Fahrzeug letztendlich rückrüsten ließen.

Das Ende des 600 beschleunigten in Deutschland überdies bewußt gestreute Indiskretionen über das Nachfolgermodell, die die »große Isetta« disqualifizierten. So hieß es am 17. April 1959 in der »Süddeutschen Zeitung«: »Neben dem BMW 600 wird jetzt... ein 700-ccm-Wagen mit autogemäßer Karosserie gebaut. Der überholte, vom Vorstand nichtsdestoweniger als bewährt bezeichnete Fronteinstieg soll dabei aufgegeben werden.« Ein wirklich bedauernswertes Eigentor, das BMW-600-Käufer im Nachhinein zu Narren stempelte.

Auf einem ganz anderen (im Wortsinne!) Feld hätte der 600 dagegen Furore machen können: Dr. Wilfried Fahr, der Landmaschinen-Hersteller in Gottmadingen am Bodensee, entwickelte bereits 1955 den ersten Prototypen des »Farmobils« (sprich: Farm-Mobil), der als Pritschenwagen für 620 Kilogramm Zuladung, Geländefahrzeug und Jagdwagen gebaut werden sollte. Im Heck hatte er – noch vor dem BMW 600! – dessen auf 19,5 PS gedrosselten Boxer aus der R67/3. Alle vier Räder waren einzeln an Schraubenfedern (Federweg 250 mm) und Teleskopstoßdämpfern aufgehängt, der Tank saß mittig unter der Ladefläche. Der im Frontbereich rundliche Prototyp mit Planenverdeck (2,5 qm Laderaum) hatte ein Fünfgang-Getriebe und sollte als Serienfahrzeug unter 5000 Mark kosten. Das in der Serienausführung kantiger geformte Fahrzeug hatte jedoch keinen Allradantrieb (dafür dann aber BMW-700-Technik) – und konnte darum kaum begeistern.

Die Fertigung des »zivilen« BMW 600 lief allerdings schon im Frühjahr 1959 aus. Seit Dezember 1957 waren gerade knapp 35.000 Einheiten entstanden!

Der Glas Isar T600 mit konventioneller Karosserie und ansonsten gleichen Parametern verkaufte sich dagegen 73.000mal. Und auch der nagelneue Daf 600 bot mehr an Attraktivität.

In jener Zeit schien das Ende von BMW tatsächlich gekommen zu sein: Nachdem der Firma 1958 stolze 12 Millionen und 1959 noch 9,2 Millionen Mark Verlust entstanden, waren 50 Prozent des Aktienkapitals verloren. Auf der Generalversammlung der Aktionäre am 9. Dezember 1959 deutete – trotz des Rettungsankers namens BMW 700, der zur IAA 1959 vorgestellt wurde und eine riesige Resonanz erzielte – alles auf die Übernahme durch Mercedes hin. Der BMW 600 jedenfalls hatte die Talfahrt der Münchner eher beschleunigt als gehemmt.

BMW 700

Das Wunder aus Wien

Eine der ersten Amtshandlungen des neuen Vorstandschefs Dr. Richter-Brohm war eine 133seitige Marktanalyse im Jahr 1957. Sie verwies zum einen ungeschminkt auf die Talfahrt der Bayern, beinhaltete aber auch einen Ausweg aus dem Dilemma. Aufgrund privater Kontakte hatte Richter-Brohm bei Fiat die Ergebnisse der hauseigenen Marktforschung einsehen dürfen – und eine Erkenntnis gewonnen, die aus heutiger Sicht wie eine Binsenweisheit erscheint: Die besten Marktchancen bringt ein Mittelklassewagen mit mindestens 1,6 Liter großem Vierzylinder. Kurzhubig und sportlich ausgelegt, sollte er auf 80 PS kommen und Möglichkeiten zur weiteren Leistungssteigerung bieten. Von der geplanten Jahresproduktion von 24.000 Stück würden sich, so Richter-Brohm, mindestens 16.000 in Deutschland absetzen lassen.

So weit die Theorie. Stilistische Vorstudien hatte es einige gegeben, es entstanden sogar einige 1:1-Entwürfe. Bis zur Erprobungsphase gelangte aber nur eine Konstruktion Alex von Falkenhausens, der mittlerweile zum Chef der Motorenentwicklung avanciert war. Sein 1,3-Liter-ohc-Motor mit 65 PS Höchstleistung wurde in eine Prototypenkarosserie mit Alfa-Kühlergrill gesetzt. Deutsche Fachmagazine veröffentlichten Ende 1958/Anfang 1959 allein drei verschiedene »Erlkönigs«-Fotos. »Moderne, fließende Formen«, hieß es etwa in der »Auto, Motor und Sport« (Juli 1959), »in nichts an die bekannten großen BMW erinnernd, es sei denn in einigen Andeutungen an die Sportwagen, bis ins letzte genutze Maße, kurz und gut. Ein Automobil, dessen große Erfolgschancen einwandfrei vorauszusehen sind.«

1959 hätte die Produktion beginnen können. Doch die Neuentwicklung hätte bis dahin 35 Millionen Mark gekostet. Der damalige Finanzchef Ernst Kämpfer erinnerte sich, daß Dr. Robert Frowein, der stellvertretende Aufsichtsratsvorsitzende, in einem Gespräch mit einem Konsortium der Deutschen und der Dresdner Bank sowie der Bayerischen Staatsbank diese Summe zugesagt bekam. Nach seinem plötzlichen Tod Anfang 1958 standen die Banken jedoch nicht mehr zu dieser mündlichen Verpflichtung.

Froweins Nachfolger, Dr. Hans Feith, waren jegliche kostenspielige Experimente zuwider. Er verhandelte stattdessen mit Ford, General Electric, Rootes und Daimler-Benz über eine Beteiligung oder gar eine Übernahme von BMW. Das Ende von BMW lag in der Luft, denn das so dringend benötigte image- und absatzträchtige Mittelklasseauto konnte mangels Finanzen nicht entwickelt werden. Rettung kam von Wolfgang Denzel, innovativer, cleverer Auto-Importeur (u. a. von BMW) auf der Wiener Wattmannsgasse am Naschmarkt. Sportlich-schicke Autos hatten es ihm von jeher angetan

Wolfgang Denzels Initiative ist der Nachfolger des BMW 600 zu verdanken. Der Wiener setzte sich u.a. mit dem Stylisten Giovanni Michelotti in Verbindung.

– so baute er von 1949 bis 1959 unter den Markennamen WD und Denzel insgesamt 350 65 PS starke Sport-Roadster auf VW Käfer-Basis. Er war nicht nur Kaufmann, Verkäufer – er war vielmehr auch Techniker, Sportfahrer und BMW-Fan. Ihn störte die Konzeptlosigkeit von BMW schon lange. Darin war er sich einig mit Dr. Richter-Brohm, mit dem er auch privat befreundet war. Der Vorstandschef besuchte ihn oft, »ratsuchend« und über die in sich zerstrittene »Münchner Hofkamarilla« klagend, wie Denzel berichtete. Der Wiener versuchte auf eigene Faust Hilfe von außen zu organisieren, scheiterte damit aber sowohl bei BMW-Exporteur Max Edwin Hoffman in den USA als auch bei American Motors.

Er verfügte jedoch über gute Verbindungen zu Designer Giovanni Michelotti, der sich erste Sporen bei Stabilimenti Farina in Turin verdient hatte. Inzwischen arbeitete er mit den Karosseriefirmen Vignale und Ghia in Turin zusammen. Im Gespräch mit Michelotti muß Denzel die Idee gekommen sein, mit einem frech karossierten Kleinwagen die Talfahrt von BMW zu stoppen – und damit die Weichen in Richtung Mittelklassewagen stellen zu helfen. Diese Idee trug er Richter-Brohm im März 1958 bei einer Segelpartie im Mittelmeer vor. »Machen Sie, was Sie wollen«, soll der resignierte Vorständler geantwortet haben.

Und Denzel machte, wenn auch auf eigenes Risiko. Mit seiner hauseigenen Entwicklungsgruppe nahm er sich das BMW-600-Chassis mit der wohldurchdachten Schräglenker-Hinterachse vor. Darauf setzte er dann, festverschweißt, eine selbsttragende, sportlich wirkende Coupé-Karosserie mit rahmenlosen Türen und modischen Heckflossen-Ansätzen. Deren Linienführung stammte weitgehend von Michelotti. Parallel kreierte der Wiener selbst ein kleines, etwas verquollen wirkendes Sportcoupé mit BMW-Motor, dessen Front dem Karmann Ghia ähnelte, während das Heck an französische Autos wie den Panhard-Sportwagen erinnerte. Angeblich soll Denzel vorab noch Entwurfsunterlagen der verworfenen, von Goertz angedachten, selbsttragenden Werks-Konstruktion von 1956/57 einschließlich einiger Zeichnungen von unbedingt beizubehaltenden BMW-600-Baugruppen erhalten haben – was der Wiener später bestritt.

Im Juli 1958 präsentierte er sein Coupé auf einem abgeschotteten Wassergrundstück in Feldafing am Starnberger See vor über 100 Technikern und Händlern der weißblauen Marke. Mit überwältigendem Erfolg! »Alle waren platt, keiner hatte das dem Denzel zugetraut. Weiß, auf dem grünen Rasen – ein feines Auto, nach dem 600er eine Erlösung«, notierte Finanzchef Ernst Kämpfer (der Hanns Grewenigs Amt bei BMW übernommen hatte). Kritisiert wurde einzig und allein der kleine Innenraum, der hinten keinen vollwertigen Sitzplatz bot.

Richter-Brohm verglich hier den neuen 700 mit dem Vorkriegs-BMW 327: »Das BMW 700 Coupé erreicht bei gleichem Innenraum und sicher überlegener Straßenlage die gleiche Höchstgeschwindigkeit, die gleiche Beschleunigung und sicher höhere Straßendurchschnitte als der legendäre Vorgänger mit seinem Zweiliter-Sechszylinder-Zweivergaser-Motor!« Natürlich war er sich darüber im Klaren, daß der 700 in Wirklichkeit als eine Art Zeitbeschaffer dienen sollte, bis der längst fällige Mittelklasse-Wagen produktionsreif war.

Noch bei der Präsentation fiel der Vorstandsbeschluß, dieses Auto zu bauen – und dies, obwohl die Frontpartie überhaupt nicht BMW-typisch war (die »Niere« kam erst im Mittelklasse-Nachfolger). Den entsprechenden Antrag stellte Rudolf Schleicher, und selbst Denzels erklärter Widersacher, Konstruktionschef Wilhelm Hofmeister, unterschrieb. In dem schnell verfaßten Protokoll hieß es sogar, daß »niemand« an dieser Konstruktion auch nur das geringste verändern dürfe!

Nun erst erhielt Denzel einen richtigen Vertrag und Geld. Er orderte und bezahlte in Turin Formen, Schnittfiguren, Blech- und Holzmodelle des Prototyps und deren Versand nach München. Was nun kam, wurde nie ganz geklärt, ähnelt aber einer Tragikkomödie: Bei BMW konnte, so Finanzchef Kämpfer, über drei Monate lang die Produktion des intern Typ 107 genannten neuen Autos nicht anlaufen, weil die Modelle irgendwo im Werk abgestellt wurden. Fritz Fiedler hatte dem Technischen Leiter Hubert Stroinigg erklärt, die Modelle würden gar nicht mehr benötigt. Denzel vermutete eher eine Intrige seines »bösen Geistes«, Hofmeister, der eine eigene Konstruktion durchsetzen wollte, eine Mischung aus BMW 600, 503 und Goggomobil mit der BMW-Niere an der Front. Davon soll es ein 1 : 1-Gips-Modell gegeben haben, das allerdings vom Vorstand verworfen wurde, nachdem man es vergleichsweise neben andere Fahrzeuge auf den Hof gestellt hatte.

Die Wahrheit dürfte irgendwo in der Mitte liegen. Helmut-Werner Bönsch, ein bekannter Techniker, Firmenberater und Fachschriftsteller, war Ende 1958 als Direktor für Produktplanung, Wertanalyse und Marketing zu BMW gestoßen und hatte erstaunt sehen müssen, daß hier so manche ordnende Hand fehlte. Vor allem unabhängige Kontrollen von Abteilung zu Abteilung fehlten, die Kommunikation klappte nicht. So wurde parallel gearbeitet, geriet manches widersprüchlich. So auch das Verschwinden der Denzel-Modelle: Bönsch nämlich hatte Richter-Brohm gedrängt, neben Denzels Coupé auch eine Limousine auf die Räder zu stel-

Denzels erster Entwurf des neuen Kleinwagen-Coupés. Clou der rundlichen Karosserie weren die riesigen Kühllufteinlässe im Heck.

Später nur noch unwesentlich verändert wurde der in Feldafing präsentierte Coupé-Prototyp.

Das Denzel-Coupé strahlte zwar südlichen Chic aus, war aber nicht so zeitlos gestaltet wie der schließlich realisierte BMW 700.

63

Das ursprünglich von Denzel vorgesehene Cockpit des Coupés.

Die Turiner Holzform des 700er Coupés wurde nach München geschickt, dort aber – boshafterweise? – irgendwo im Werk abgestellt.

Anfang September 1959 begann die Produktion des Coupés.
Die Limousine sollte zum Jahresende aufs Band gelegt werden.

len. BMW stellte hier eine als eherne Regel des Automobilmarketings auf den Kopf: Normalerweise präsentiert ein Hersteller erst die Limousinenversion eines neuen Modells, später folgen die teureren, sportlichen Abwandlungen!

Der Auftrag ging ausgerechnet an Denzels Konkurrent Hofmeister, der tatsächlich innerhalb besagter drei Monate bis zum Jahresende 1958 jene außerordentlich gelungene Limousine auf die Räder stellte – übrigens ebenfalls in Zusammenarbeit mit Michelotti. Unterhalb der Gürtellinie entsprach die Limousine vollkommen dem Coupé, hatte aber ein höheres, weiter nach hinten gezogenes Dach, das Sitz- und Kopfhöhe für die Hinterbänkler schuf. Für die Limousine beibehalten wurden die eleganten rahmenlosen Seitenfenster des Coupés. Die Rückleuchten von Coupé und Limousine stammten übrigens von Goertz' Baukasten-Modellen 570/580.

Die Präsentation des BMW 700 auf der IAA im September 1959 war ein voller Erfolg.

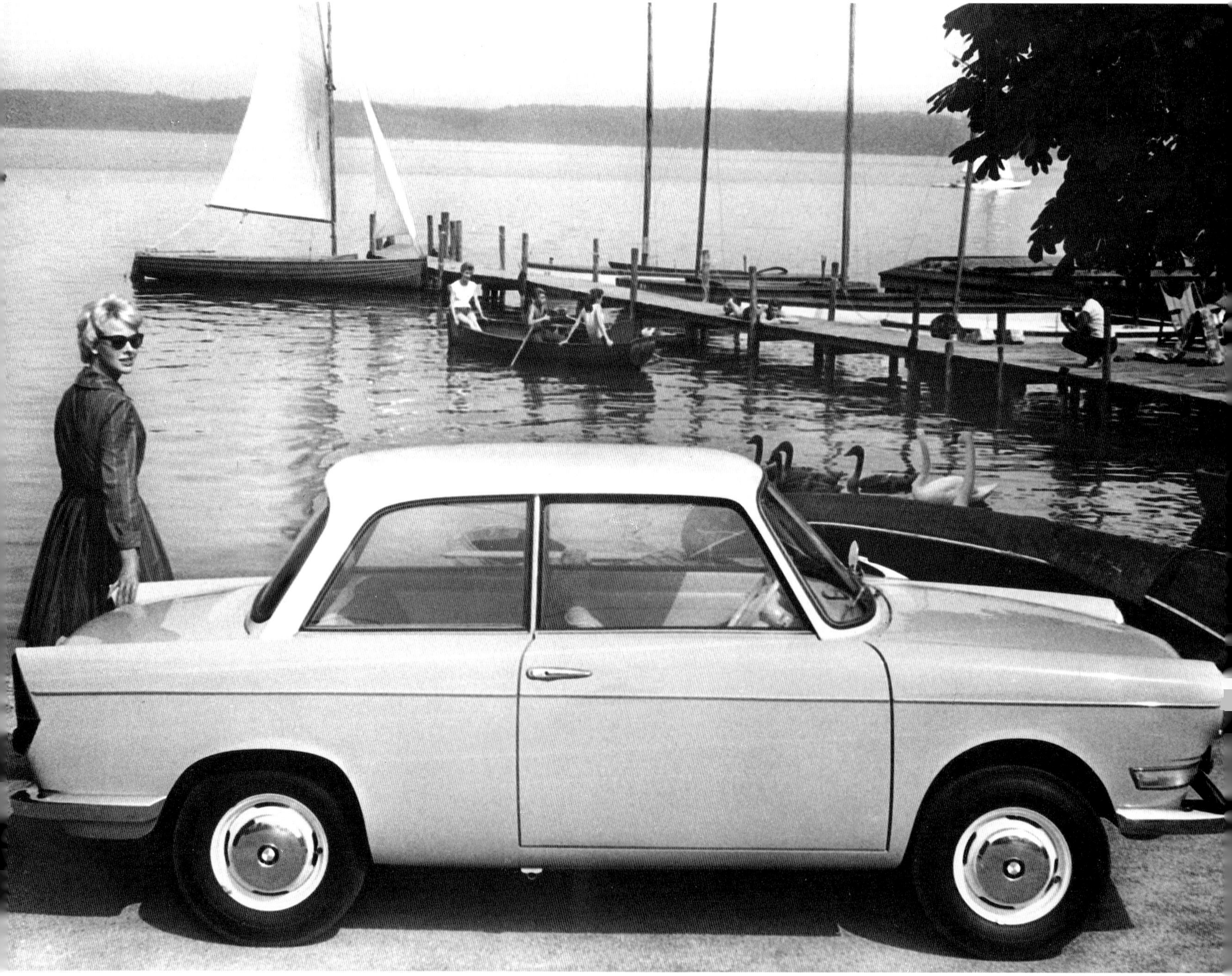

Das Auto für den Aufschwung

Anfang September 1959 war es endlich soweit: In den gleichen Hallen, in denen noch die restlichen Prestigemodelle 503 und 507 fertiggestellt wurden, begann die Produktion des BMW 700 Coupé. Vorher mußte allerdings der Aufsichtsrat noch hart mit der Deutschen Bank feilschen, um schließlich noch fehlende zwei Millionen Mark Kredit für den Serienanlauf bewilligt zu bekommen. Das ganze Projekt wäre freilich überhaupt nicht möglich gewesen, wenn nicht ein geheimnisvoller Aktienaufkäufer für unverhofftes Geld in den Kassen gesorgt hätte: Der Bremer Baustoff-Großhändler Hermann Krages hatte für 15 Millionen Mark BMW-Aktien erworben (von denen er sich bald darauf wieder trennte). Auf der 39. IAA im September 1959 war dann der seit Monaten durch die Presse geisternde (aber nie abgebildete!) neue BMW die absolute Sensation: Mehrere Coupés und eine Limousine waren am BMW-Stand und in der Kleinwagenhalle zu sehen, ein Coupé stand auf dem Vorplatz für Mitfahrten zur Verfügung. »Ein roter Teufel«, lobte der »Stern« das Coupé, »italienische Auto-Diors hätten das nicht besser machen können!«

Der Wagen traf voll den Geschmack des Publikums, die in dieser Klasse bislang nur zwischen NSU Prinz und Ford 12M wählen konnten (Opel Kadett und Borgward Arabella kamen erst später heraus). 5.200 Mark sollte das Coupé kosten, 300 Mark weniger die Limousine. Nicht gerade ein Sonderangebot in einer Zeit, in der zwar vergleichbare Autos wie der NSU Sportprinz 6.500 Mark kosteten, Käfer und 700er Isar Limousine aber für rund 4.500 Mark zu haben waren.

Weil jetzt auch Wenigerverdienende die Chance sahen, sich mit einem 700er ein bißchen Porsche-Feeling zu leisten, sprachen Spötter bald vom »Facharbeiter-Porsche«. Solche Überheblichkeiten hatten und haben Tradition – Brütschens formschöner Künststoff-Flitzer hatte schnell den Spitznamen »Flüchtlings-SL« weg, selbst von Leuten so bezeichnet, bei denen es nicht einmal zum Führerschein gereicht hatte.

Interessanterweise nahmen mehr und mehr Käufer höhere Fixkosten in Kauf, um hubraummäßig aufzusteigen. An Jahressteuer bezahlte man für den 30 PS starken BMW 700 exakt 101 Mark, der Mindesthaftpflichtbeitrag lag bei 160 Mark. Für den 600er hatte man ganze 14 bzw. 40 Mark weniger entrichten müssen. Ein allgemeiner Trend: Glas hatte Anfang 1959 den Markt untersucht und herausgefunden, daß 60 Prozent aller Isar-Käufer den 700er dem kleineren 600 vorzogen.

Schon in Frankfurt sollen nach Werksangabe 15.000 Bestellungen aus dem Inland und 10.000 weitere allein aus den USA eingegangen sein; tatsächlich wurden bis zum Jahresende 25.000 für den deutschen und 5.000 für den ausländischen Markt geordert. Bis zu 30.000 Autos sollten später jährlich abgesetzt werden. »Auto, Motor und Sport« 20/1959 war voll des Lobes über den Publikumsliebling – obwohl die gleiche Zeitschrift vor der Ausstellung geschrieben hatte, man blicke nur mit gezügelter Freude der Tatsache entgegen, daß BMW ein weiteres Kleinwagenmodell lancieren wolle: »An BMW möchten wir eine Palme geben: Die 700 Limousine ist ohne Zweifel einer der schlichtesten und dabei elegantesten Serienwagen auf der Ausstellung. Obwohl 4 cm höher als das Coupé, erscheint sie formal noch ausgeglichener als dieses. Für BMW ist es in natürlich auch sehr wichtig, daß dieser Wagen einschlägt, denn die Konkurrenz in dieser Klasse zwischen 500 und 1000 ccm ist wahrlich nicht gering. Ein lebendiger Motor und gute Straßenlage lassen erwarten, daß der BMW 700 den Konkurrenten mit etwas höherem Hubraum kaum unterlegen sein wird. Zur Zeit ist über das Schicksal des 1,6 Liter ebensowenig entschieden wie darüber, ob der 503 und der 507 weitergebaut werden.« Sie wurden nicht – aber der

Die 700er Limousine wirkte gleichfalls wie aus einem Guß, obwohl sie erst nach dem Coupé gestaltet wurde und zahlreiche Details übernehmen mußte.

700 erfüllte alle Prophezeiungen, ja, übertraf sie bei weitem.

Probefahrten fanden eine begeisterte Resonanz; eine französische Zeitschrift meinte, derartige Beherrschbarkeit bei solch einem vollkommenen Fahrverhalten fände man sonst nur in der Klasse der Porsches und Giuliettas. Und »Auto, Motor und Sport« faßte zusammen: »Der erste Schritt auf einem neuen Kurs. Ein mit großem Können entwickelter und gebauter Wagen; ein echter BMW.«

Im Frühjahr 1960 hätte die Produktion in vollem Umfang beginnen können. Die Zulieferer standen zu den Verträgen, obwohl BMW's chronisch leere Kassen kein Geheimnis mehr waren. Doch das Schicksal der Firma – und damit des 700 (und der Isetta) – hingen am seidenen Faden.

Vom Abstiegskandidaten zum Shooting Star

Während anderswo das Wirtschaftswunder boomte und der neue BMW 700 in den Augen seiner Schöpfer (und Interessenten) den Schlußpunkt unter ein zwar glorreiches, aber wenig einträgliches Kapitel gesetzt hatte, war BMW am Absaufen. Anfang Dezember 1959 gab Mercedes respektive Friedrich Flick bekannt, BMW übernehmen zu wollen und die Münchner Kapazitäten nebst der rund 6.000 Mitarbeiter in die eigene Produktion zu integrieren.

Der dazu erarbeitete Sanierungsplan sollte in der 39. Hauptversammlung der BMW-Aktionäre am 9. Dezember 1959 abgesegnet werden. Nicht nur der bevorstehende Verlust des traditionsreichen Namens BMW, auch die zu erwartenden Verluste wegen der fünfzigprozentigen Abwertung des Aktien-Nominalwerts und schließlich die Ankündigung, neue Aktien würden nur Daimler-Benz und ein Bankenkonsortium erhalten, machten die Aktionäre zornig. Dr. Friedrich Mathern, ein Frankfurter Rechtsanwalt, und Erich Nold, Kohlenhändler aus Darmstadt, ließen die Hauptversammlung platzen und verhinderten so erst einmal das drohende Ende von BMW.

Mathern hatte nämlich einen unverzeihlichen Formfehler in der Jahresbilanz entdeckt: Die gesamten Abschreibungskosten von 13,5 Millionen Mark für den Produktionsanlauf des neuen 700 einschließlich der Werkzeugherstellung waren in den Gesamtverlust von 1959 eingerechnet worden! »Bilanzfälschung« nennt dies der Gesetzgeber und schreibt vor, bei zumindest zehnprozentiger Zustimmung der Aktionäre bei der Beanstandung eines solchen Rechenwerks die Hauptversammlung zu vertagen.

So ganz nebenbei warf Mathern noch in die Debatte, daß von der MAN 30 Millionen Mark zu erwar-

Obwohl der neue BMW 700 ein ganz großer Erfolg zu werden versprach und Tausende von Vorbestellungen vorlagen, sah das Management keine Chance mehr für das angeschlagene Unternehmen. Das Foto zeigt die Anlieferung von 700ern bei Wolfgang Denzel in Wien.

Der Kunde hatte nunmehr die Qual der Wahl und konnte sich gleich unter drei Kleinwagen-Typen entscheiden. Er tat dies in der Regel zugunsten des neuen BMW 700.

ten seien, wenn sich BMW von seinen Allacher Triebwerksbau-Werksanlagen trennen würde. Als sich dann noch Denzel einmischte und vom Vorstand bestätigen ließ, daß der Absatz des 700 für die nächsten zwei Jahre gesichert sei, hatten die Aufrührer die Aktionäre auf ihrer Seite.

Das Ultimatum von Daimler-Benz verstrich; Aufsichtsrat und Vorstand traten zurück. Künftig sollte sich das Besetzungskarussel etwas langsamer drehen: Seit 1945 waren immerhin zehn Vorstands- und 27 Aufsichtsratsmitglieder »verschlissen« worden, wie der »Spiegel« bissig formulierte (»In München-Milbertshofen galten Direktoren als kurzlebige Wirtschaftsgüter«).

Bei der Neubesetzung trat dann erstmals der Bad Homburger Industrielle Dr. Herbert Quandt in Erscheinung, der schon lange im Hintergrund die Fäden in der Hand hatte. Gleichzeitig im Mercedes-Aufsichtsrat sitzend, entschied er sich letztendlich doch für die Eigenständigkeit von BMW und übernahm die Aktienmehrheit, zum Großteil von Hermann Karges, der zwischenzeitlich kalte Füße bekommen hatte. Sein Hausanwalt, Gerhard Wilcke, wurde bei BMW Aufsichtsrat.

Quandt tat noch mehr: Er schickte Vorständler Kämpfer mit dem Limousinen-Prototyp zu Mercedes-Chef Nallinger. der wiederum gab nach ein paar Runden auf der Versuchsstrecke ein positives Urteil über das Auto ab. Bei der Geheimabsprache mit Quandt vereinbarte er, BMW künftig nicht in die Quere zu kommen – sofern die Bayern nicht die Vermessenheit besäßen, in Mercedes-Oberklasse-Dimensionen aufsteigen zu wollen.

Gewagt hatte dies nämlich Carl F.W. Borgward in Bremen, dem daraufhin seine mächtigen Gegner den Garaus bereiteten. Borgward mußte sein Privatunternehmen wegen fehlenden Geldes zu einer Aktiengesellschaft umwandeln – und bekam 1960 den neuen BMW-Aufsichtsratschef Dr. Johann Semler (Nachfolger von Dr. Hans Feith) als Sanierer und Generaldirektor vor die Nase gesetzt. Das weitere ist bekannt: Der selbstsichere Borgward, der sich noch bei einem Besuch in München über den Mittelklasse-Prototypen lustig gemacht und die Lizenzproduktion der Isabella angeboten hatte, verlor nach und nach seine besten Leute. Schließlich mußte er für sein Unternehmen Konkurs anmelden.

Quandt, der auch in dieser Sache seine Finger im Spiel hatte, wußte um die Qualität der Borgward-Leute und veranlaßte beispielsweise Wilhelm Heinrich Gieschen, als Technischer Direktor bisher rechte Hand Borgwards, zu BMW zu wechseln. Dies löste eine Lawine aus – so folgte im Herbst 1961 Einkaufschef Karl Monz nach München, nach dem Konkurs wurden sogar komplette technische Anlagen aus Bremen übernommen. »Borgward macht weiter«, wurde die Abkürzung »BMW« jetzt gedeutet. Was nicht ganz stimmte: Gute Leute kamen auch von der Auto Union aus Düsseldorf, allen voran Paul Hahnemann als neuer Verkaufs-Vorstand. Ursprünglich von Semler zu Borgward abgeworben, holte ihn Mathern nach München – und hier wurde er, nach der BMW-Aufsichtsratssitzung vom September 1961, Verkaufschef.

Die Produktion von 700 Limousine und Coupé konnte also endlich voll anlaufen. Und die Autos gingen weg wie warme Semmeln: Im Dezember 1959 waren die ersten 3100 Exemplare des ab September mit arbeitstäglich in 30 Einheiten produzierten Coupés verkauft. Die Serienfertigung der Limousine lief im Januar 1960 an. Von September

Im Juli 1960 lief der 20.000ste BMW 700 vom Band.

Der Innenraum des BMW 700 Coupé war für zwei Erwachsene und zwei Kinder ausreichend. Serienmäßig wurden einige Schmankerln geboten, die es für die Limousine nur als Extra gab.

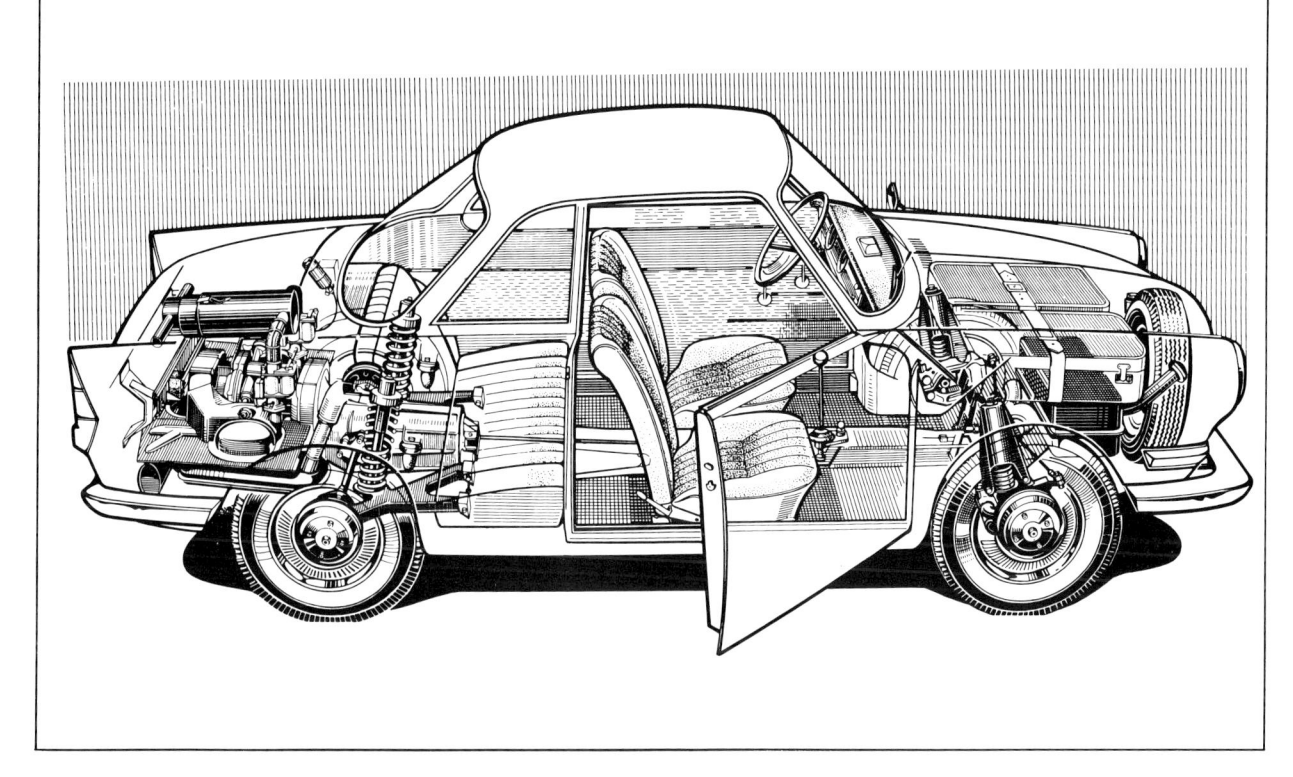

1959 bis zum Juni 1960 entstanden 8.000 Coupés und 10.500 Limousinen; später pendelte sich das Produktionsverhältnis Coupé-Limousine auf 1:5 ein.

Die Lieferzeit für ein Coupé lag anfangs bei vier bis sechs Wochen, eine Limousine war nach ein bis zwei Wochen zu haben. Der Umsatz 1960 stieg so ziemlich unerwartet auf insgesamt 238 Millionen Mark, womit der Vorjahresverlust ausgeglichen werden konnte. Im Juli 1960 lief bereits der 20.000ste 700er vom Band, eine Limousine. »Bayerische Motorenwerke kommen aus dem Schneider«, meldete die Süddeutsche Zeitung. Zum Vergleich: 1959 waren es 170 Umsatz-Millionen, 1958 schon 195 Millionen.

Im Dezember 1959 hatte der zukünftige Importeur, die Fadex Commercial Corp., das Coupé auch im New Yorker Park Lane Hotel vorgestellt.

Die Technik des BMW 700

Die Technik des 700, Teile des Fahrwerks (Achsen an Querträgern, die mit der selbsttragenden Karosserie verschraubt waren), eigentlich viel mehr als man denkt, stammten vom glücklosen 600, der – genau wie die Isetta – auf der 1959er IAA nochmals zu sehen war.

Die Karosserie war selbsttragend mit der Bodengruppe verschweißt, wobei die vorderen Kotflügel im Interesse eines leichteren Austausches nur angeschraubt, vorn aber verschweißt waren. Die vorderen Blinkleuchten wurden weit ins Seitenteil hineingezogen; die Türen hatten – wie der 507-Roadster – vollversenkte Zugklinken, die auf Knopfdruck heraussprangen. Im Kofferraum vorn ließen sich 280 Liter Gepäck unterbringen, darunter saß der 33-Liter-Tank (5 Liter Reserve) und wieder davor, auch zum Zwecke des Aufprallschut-

zes, das senkrecht stehende Ersatzrad. Der Tankeinfüllstutzen lag noch davor, beim Tanken mußte darum die vordere Haube geöffnet werden.
Auf übertriebenen Zierrat im Innern verzichtete BMW. Immerhin bot das Auto nun fürs Coupé serienmäßig einige Schmankerln, für die andere Firmen Aufpreise erhoben: Verbundglas-Frontscheibe; Scheibenwaschanlage und Wischer mit Kombinationsschalter und automatischer Endabschaltung; asymmetrisches Abblendlicht mit Abblendschalter an der Lenksäule sowie kombinierter Lichthupe; automatische Blinkerrückstellung (Blinkerbetätigung rechts); Parkleuchten (Betätigung über Kippschalter links neben der Lenksäule); Innenbeleuchtung (Betätigung rechts neben Zündschloß) ohne Türkontaktschaltung; Zigarettenanzünder; Innenspiegel mit Blendschutz und zwei Sonnenblenden (eine mit Make-up-Spiegel); später auch ein gepolstertes Armaturenbrett. Die ausstellbaren hinteren Seitenfenster kosteten extra.
Leider schenkte man sich vorerst das Einschlüsselsystem für Türen und Zündschloß, die Kraftstoffanzeige und einen Handschuhfachdeckel. Gegen Aufpreis bekam auch die Limousine einige der Coupé-Extras, sofern sie nicht sowieso serienmäßig waren: Parklichtbetätigung über Blinkschalter (6,-); Zigarettenanzünder (1,70); Innenbeleuchtung mit Türkontaktschaltung (5,-); Armaturenbrett-Polsterung (29,-); Sonnenblende rechts (12,50); Ausstellfenster hinten (38,-); Zierleisten (47,- Mark). Coupé und Limousine konnten noch mit den folgenden Goodies bestückt werden: Nebelscheinwerfer (78,-); Gepäckraumleuchte (8,50); Innenspiegel mit Blendschutz (16,50); Rückscheinwerfer und Lenkerschloß; Türschloß rechts (5,-); Motorraumschloß (7,-); Halteschlaufe (4,50); Stoßstangenhörner (65,-); Radzierblenden (48,-); Weißwandreifen (64,-); Fußmatten (43,-); Distanzschienen für Höherstellung der Sitze 15 oder 25 Millimeter (12,-); Anschlußauge für Öldruckmesser (20,-); elektrischer Drehzahlmesser (290,-) und Faltschiebdach für Limousine und Coupé (295,-).
Sportlichkeit war Trumpf: Der 700er-Pilot blickte auf übersichtliche Rundinstrumente (anfangs nierenförmig-oval wie beim BMW 600, aber auf 140 km/h erweitert), saß auf niedrigen Halbschalensitzen und hatte einen kurzen Schalthebel zur Seite. Angelassen wurde der Motor zuerst über ein Zündschloß am Armaturenbrett, später über ein vor dem

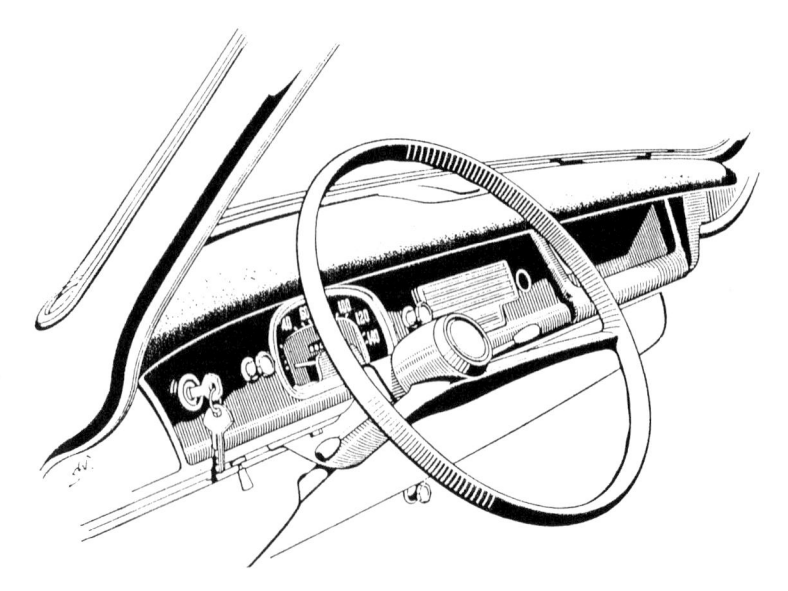

Anfangs war der Tachometer nierenförmig-oval gestaltet, später blickte der Fahrer auf Rundinstrumente, die besser zum sportlichen Charakter des Autos paßten.

Auch die Limousine war erstaunlich leichtfüßig geraten und bot überdies erstaunlich viel Innenraum.

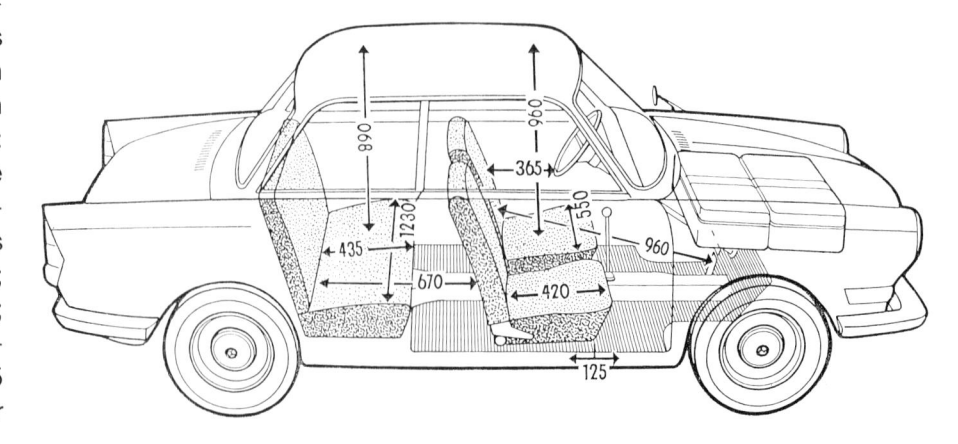

Velam Isetta (vorn) und ISO Isetta.

1957er Export Isetta 300 in Tropen-Cabrioausführung aus den USA (hinten) und 1955er Standard mit fast allen damals erhältlichen Extras.

Große und weniger große Klappe: Isetta 250 und BMW 600.

Spurweitenvergleich: Isetta 250 und BMW 600.

Isetta-Buggy mit Kunststoffaufbau der Firma Apal.

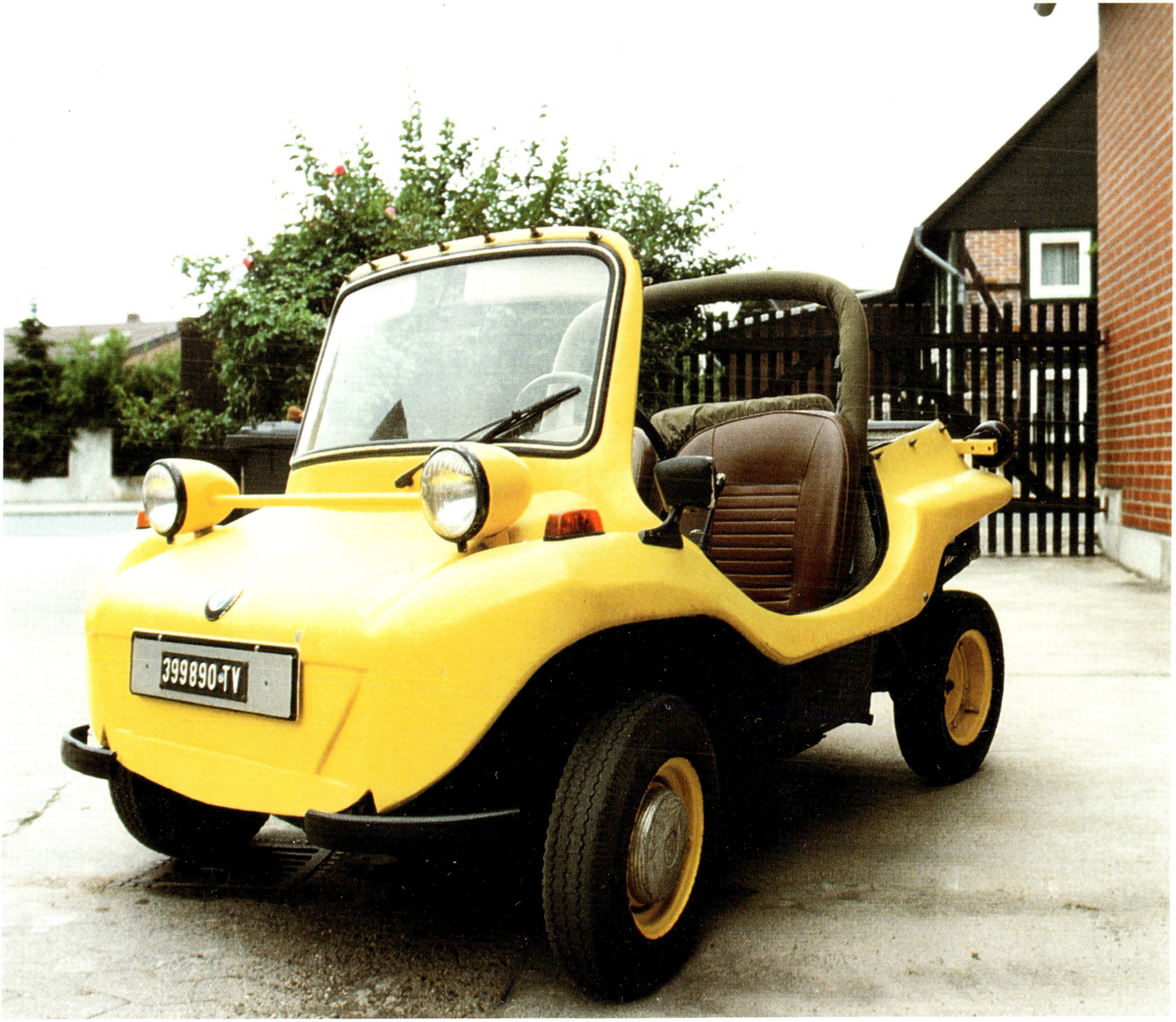
399890-TV

**Isetta Export:
Platz für zwei Erwachsene und ein Kind!**

Im historischen Motorsport sind Isetta und BMW 600 heute nicht mehr wegzudenken.

Der BMW 600 mit einer Front- und einer Seitentür.

Die BMW 700 Langversion in der am häufigsten gebauten Luxusausführung.

Der schönste und teuerste 700er war das bei Baur gebaute Cabrio.

Der BMW im historischen Rennsport. Damals wie heute ist er ein Angstgegner der schnellen Kleinen von NSU und Steyr.

Zwischen dem Barockengel und den BMW-700-Modellen klaffte bis zum Erscheinen der neuen Klasse eine Marktlücke.

Schalthebel auf dem Mitteltunnel angebrachtes Zündanlaßschloß mit Schalthebelsperre, wie es noch heute im Saab zu finden ist.

Relativ klein war freilich der Fußraum vorn, auch die Sitzposition war ein kleinwagengemäßer Kompromiß. Das Lenkrad stand relativ steil; die Windschutzscheibe war sehr stark geneigt und dennoch spieglungsfrei. Die Belüftung des Innenraum erfolgte über die seitlichen Kurbelfenster und durch abgasgeschützte Schlitze vor der Frontscheibe. Die Hecksitzbank zumindest des Coupés bot mehr Platz als vermutet.

Die hintere Rücksitzlehne ließ sich umklappen, was den Gepäckraum innen hinter dem Sitz natürlich vergrößerte.

Motor-Getriebe-Differentialblock und Dynastart-Anlage stammten vom 600. Der luftgekühlte Boxer-Motor mit dem Leichtmetall-Kurbelgehäuse, direkt hinter der modifizierten 600er-Hinterachse liegend, war aus dem ehemaligen R67-Triebwerk weiterentwickelt worden; äußerlich war er u.a. durch die vergrößerten Kühlrippen und die Benzinpumpe vom BMW-600-Motor zu unterscheiden. Bohrung und Hub waren um vier bzw. fünf Millimeter angewachsen. Wie schon beim BMW 600 wurden Schwingungsdämpfer für die Kurbelwelle eingebaut (auf

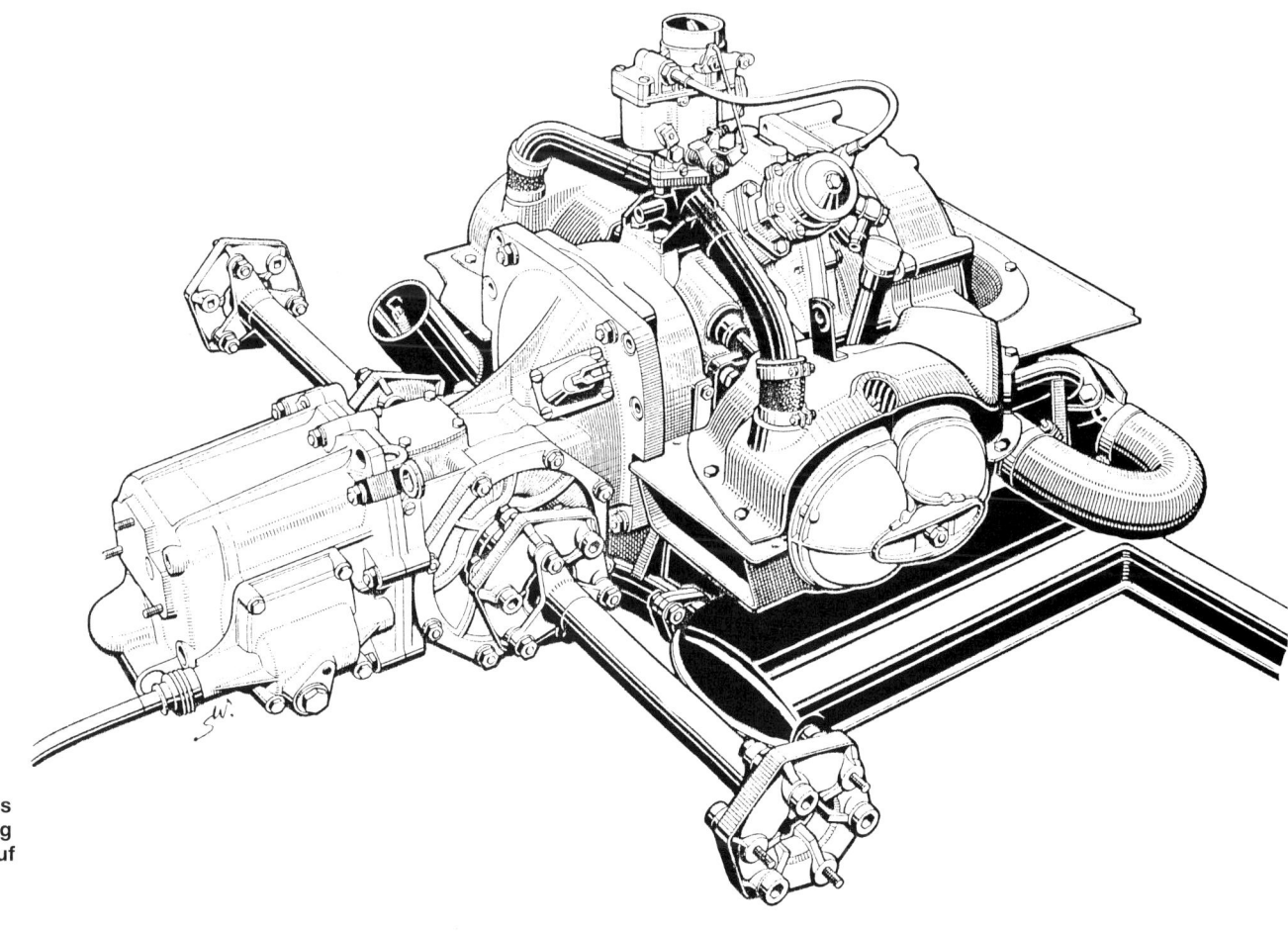

Der BMW-700-Motor unterschied sich nur wenig vom Triebwerk des 600ers. Hub und Bohrung wurden von 68/74 mm auf 73/78 mm vergrößert.

deren Verlängerung BMW-600-mäßig Kühlgebläse und Dynastart-Anlage saßen). Bis 1962 erfolgte die schwungscheibenseitige Kurbelwellenlagerung über Wälzlager à la BMW 600, danach über Kugellager. Der 34er Solex-Vergaser verfügte über Beschleunigungspumpe und Teillaststeuerung, der Luft-Vorwärmstutzen lief direkt darüber. Wie schon der 600 verfügte das Auto über eine Zweikreis-Heizungs- und Lüftungsanlage. Warm- und Frischluft waren damit getrennt regelbar. Motorseitig war dies jedoch problematisch, so daß 1961 wie beim VW Käfer zwei Heizbirnen zum Einsatz kamen.

Das Getriebe mit seinen kurzen Schaltwegen war besser als beim BMW 600 synchronisiert, aber ungünstig abgestuft und geräuschintensiv; die Kupplung faßte angenehm weich (wie Testfahrer zu berichten wußten). Die weiche Kraftentfaltung ging vor allem auf das Konto der mit doppelten Gummigelenken ausgerüsteten Antriebswellen.

Aber leise war das Auto nicht! »Akzeptiert man diesen Motor noch im BMW 600 als durchaus zweckmäßige Kraftquelle, so ist es doch ein ander Ding, ihn in einem Wagen zu hören, dessen gepflegte Stilistik…Ansprüche in Sachen Fahrkomfort setzt. So wünscht man zum formal überaus gelungenen Coupé einen Motor, der mehr als zwei Zylinder besitzt«, mokierte die »Auto, Motor und Sport« Ende 1959. Und »Roller, Mobil, Kleinwagen« konstatierte zum gleichen Zeitpunkt: »Nach außen klingt der BMW 700 wie ein älterer Volkswagen, nach innen vernimmt man ein röhrendes Orgeln, das nicht dadurch leiser wird, daß man es als sportlichen Klang

Auf der IAA 1961 debütierten 700er Coupé und Cabrio mit 40-PS-Sport-Motor. Der BMW 1500 stahl ihnen allerdings die Show.

Mit diesen drei 700er-Ausführungen machte BMW Furore.

Die Verdeckkonstruktion der im November 1961 vorgestellten offenen Ausführung war einfach und solide. Im Nu war das robuste Dach eingehakt.

Das Interieur des Cabrios mit seiner Kunstlederausstattung geriet verhältnismäßig aufwendig.

den spur- und sturzkonstanten, kurzen geschobenen Längsschwingen à la Export-Isetta (Federelemente beim Radeinschlag mitschwenkend) und die Schräglenker-Hinterachse mit den kraftübertragenden Gelenkwellen waren BMW-600-Fahrern bereits bekannt. Die gummigelagerten Längsschwingen hatten den großen Vorteil, beim Einfedern nur eine geringe Spuränderung der Hinterräder zu verursachen (darum sollte die Hinterradaufhängung 1961 fast unverändert für BMWs Neue Klasse verwendet werden). Sportfahrer der rauhen Fünfziger staunten über die Federung, die angesichts der sportlichen Akzente des Autos recht weich ausgelegt war: Der Federweg betrug vorn rühmt. Aber es ist kein Lärm von der zermürbenden Sorte und nach Phon durchaus noch im gesetzlichen Rahmen.«

In der ersten Ausführung leisteten Coupé und Limousine 30 PS bei stolzen 5000 U/min, beim 600er waren 500 Umdrehungen weniger zum Erreichen der Höchstleistung erforderlich. Dennoch war der Motor überaus geschmeidig – ab 25 km/h ließ sich der Wagen im vierten Gang ruckfrei bis zur Höchstgeschwindigkeit ziehen. Die Höchstdrehzahl betrug übrigens 6500 Touren.

Das Auto mit der selbsttragenden Ganzstahlkarosserie war mit 640 Kilo vergleichsweise leichtfüßig und erreichte in 25,9 Sekunden die 100-km/h-Marke. Mit einer Person besetzt, verteilte sich die Achslast vorn/hinten im Verhältnis 45:55. Während die für vier Personen zugelassene Limousine 320 Kilo befördern durfte, waren dem 2+2sitzigen Coupé lediglich 230 Kilo erlaubt.

Die inzwischen etwas verbesserte Vorderachse mit

83

120, hinten 135 Millimeter. Die Bremsen wurden verbessert, vor allem hatte der 700 nun eine moderne, leichtgängige Zahnstangen- statt der bisherigen 600-Spindellenkung. Die heckmotorbedingte Übersteuerungstendenz war sehr gut zu berherrschen, man sagte dem kurvenwilligen Wagen mit seinen 12-Zoll-Rädern eine regelrechte »Kurvengierigkeit« nach.

Evolution Stufe 1 – der 700 Sport

Die BMW 700-Konkurrenz war nicht eben klein. Glas baute den 700er Isar (ab 4.600,-), Ford den 12 M (ab 5.350,-), Opel den 40-PS-Kadett (ab 5.100,-), NSU den Prinz (ab 5.000,-), Borgward die Arabella (ab 6.000,-), Renault die Dauphine (ab 5.800,-). Dies ließ die BMW-Manager natürlich nicht ruhen, durfte sie nicht ruhen lassen.

Anfang 1961 wurde darum für 235,- Mark Aufpreis die nunmehr 4.995 Mark teure Luxus-Limousine (700 LL) offeriert. Sie verfügte serienmäßig über hintere Ausstell- und vordere Dreieck-Kurbelfenster, ein größeres Lenkrad, ein gepolstertes Armaturenbrett, Getriebschaltschloß, verbesserte Heizung und Lüftung. Ab sofort waren Coupé und Limousine in folgenden Farben zu haben: einfarbig in Basalt; Caprigrün; Fjordgrau; Creme und Olean-

Das unbestritten schönste Fahrzeug der 700er Reihe war das Cabrio mit serienmäßig 40 PS.

Mit dem Erscheinen der Neuen Klasse standen mehr und mehr 700er unverkäuflich herum. Hahnemann zog daraufhin die Notbremse.

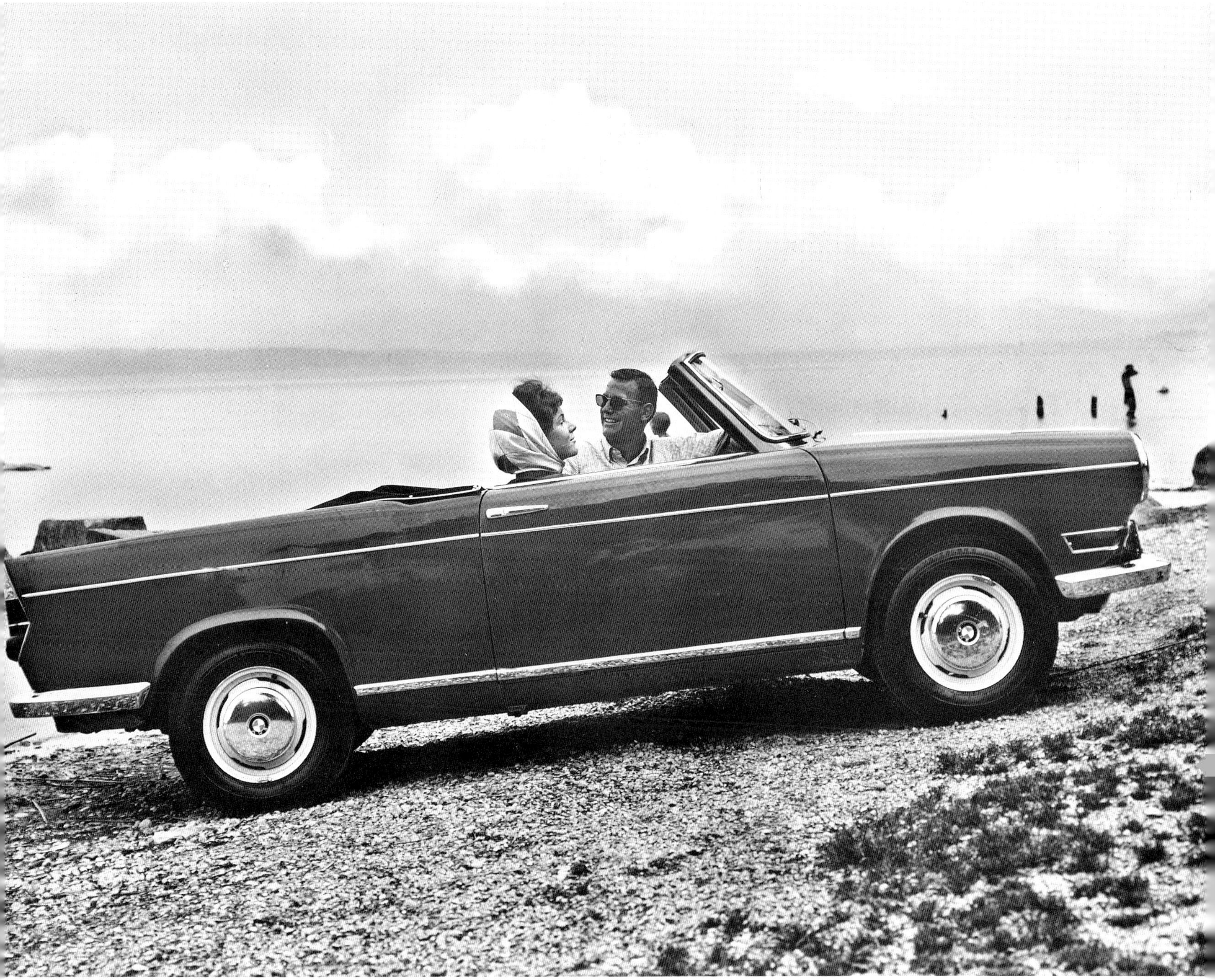

derrot; gegen Aufpreis mit andersfarbig lackiertem Dach in Basalt-Creme; Caprigrün-Creme; Fjordgrau-Creme; Creme-Basalt; Oleanderrot-Creme. Genau wie schon beim BMW 600 bot die Firma ab September 1960 die Saxomat-Schaltung an (295 Mark Aufpreis).

Verkaufsfördernder aber war die Leistungsaufstockung zum gleichen Zeitpunkt: Zur IAA 1961 debütierte das Sport-Coupé (im Gegensatz zum 700 C nunmehr 700 C Sport und ab 1963 700 CS geheißen) mit 40-PS-Motor! Erstmals gezeigt wurde das Auto bereits im August jenes Jahres auf dem Nürburgring. Bis auf einen Stabilisator an der Hinterachse und etwas härtere Stoßdämpfer hinten behielt es das Fahrwerk des bisherigen 700 Coupés.

Möglich wurde die Leistungssteigerung auf 40 PS, die übrigens nie der bisherigen Limousine zugute kam, durch eine von 7,5:1 auf 9,0:1 erhöhte Verdichtung, schärfere Nockenwellen für längere Steuerzeiten, eine Zweivergaser-34PCI-Solex-Anlage mit gemeinsamem Ansaugdämpfer und Filter mit größerem Luftdurchlaß. 1962 vergrößerte man die Einlaßventile.

Die Ansaugluft-Vorwärmung fiel zwar weg, dennoch nahm der Motor auch nach dem Kaltstart gut Gas an. Der serienmäßige Auspuff wurde später von vielen gegen eine noch kernigere Zwei- oder Vierrohr-Anlage, als Sonderzubehör von BMW oder aber von Abarth, ersetzt. Noch später gab es sogar die RS-Anlage mit zwei Auspufftöpfen. Dazu kam von Anfang an ein Sportgetriebe, dessen engere Abstufung dem BMW 600 entsprach. Überdies verfügte der Motor über eine neue, gerippte Alu-Ölwanne. Den Saxomat bot man für die 40-PS-Version niemals an.

So richtig populär – Spitzname: »der kleine Zornige« – wurde das 40-PS-Coupé, nachdem es im Rennsport Einzug hielt. 20 Sekunden aus dem Stand auf Tempo 100 und 135 km/h Spitze – das waren Spitzenwerte! Damit wurden die Mittelkläßler von Ford und Opel klar deklassiert, der BMW 700 S (Sport) reichte nunmehr bis ans Niveau der Borgward Isabella heran. Motorjournalisten verglichen damals den 40-PS-BMW sogar mit dem 60-PS-Porsche und fanden, daß BMWs sportliches Leistungsgewicht von 19,2 Kilo pro PS (bei zwei Mann Besatzung) gegen Porsches 18 kg/PS außerordentlich beachtlich war! Schließlich kostete der 160 km/h schnelle Porsche mehr als das Doppelte. Freilich vermuteten die Tester richtig, daß ein so hochgezüchteter Motor eine um 20 Prozent niedrigere Lebensdauer haben würde – ernste Probleme wurden bereits bei 30.000 Kilometer Laufleistung erwartet. Ein Austausch-Rumpfmotor schlug mit rund 650 Mark zu Buche.

Anders als gängige Sportmotoren behielt die kleine BMW-Maschine jedoch die guten Laufeigenschaften des Basismotors – einschließlich des Drehmomentverlaufs und der Elastizität. Imposant war auch der niedrige Verbrauch von knapp 8 Liter Super/100 km bei Autobahn-Vollgasfahrten.

Für so viel Sportlichkeit waren mit 5.850 Mark ganze 350 Mark mehr als fürs 30-PS-Coupé zu bezahlen. In den USA verlangte man übrigens 1.462 Dollar fürs Sport-Coupé – die Luxus-Limousine kostete dort 1.250 Dollar. Die Ausstattung des 700 S aber fiel anfangs recht spärlich aus: Zwar gab's nun runde Uhren, das Armaturenbrett war aber immer noch nicht blendfrei gestaltet, und sportliche Attribute wie Drehzahlmesser und Schalensitze blieben weiterhin eine Wunschvorstellung. Auch die Verarbeitung hielt nicht ganz, was sie versprach. Die niedrigen Gänge ließen sich nur mit Übung und Gewöhnung ohne Knirschen einlegen, die Kupplung war schwer dosierbar. Gegen 290 Mark Aufpreis gab's zum Jahresende endlich einen Drehzahlmesser, dessen roter Bereich bei 6400 U/min begann. Sportliche (um nicht zu sagen: rabiate) Fahrer drehten die Maschine schon mal bis 7500

Touren und darüber! Die Kolbengeschwindigkeit bei 5700 U/min Nenndrehzahl war übrigens nun auf 13,87 m/s (700 C: 12,16 m/s bei 5000 U/min) angewachsen.

Die »Motor-Rundschau« sprach für viele, wenn sie nach ersten Probefahrten des Coupés schwärmte: »Trotz Hecklastigkeit und lautem Motor ist dieser BMW ein 'Wolf im Schafspelz', mit dem man doppelt so teuren und wesentlich stärker motorisierten Wagen mühelos davonfahren kann. ...Wenn ich ledig wäre und hätte nur eine Freundin mitzunehmen, dann würde ich ihn mir kaufen!« Bei so viel Lob erstaunt, daß insgesamt nur 9.346 Sport-Coupés gegenüber 19.896 zahmeren 2+2-Sitzern verkauft werden sollten.

Ebenfalls auf der Bodengruppe des Coupés erschien zur IAA im September 1961 und auf dem Pariser Salon im November 1961 das optisch unbestritten schönste Modell der 700er-Reihe: Die offene Ausführung, in kleiner Stückzahl von Baur gefertigt. 1.100 Mark mehr als das Sport-Coupé kostete das 40-PS-Cabrio. Eine leistungsschwächere Version gab es übrigens nie.

Wie das Coupé mit einer Notsitzbank hinten ausgestattet, wog das Cabrio 45 Kilogramm mehr, da Versteifungen der selbsttragenden Karosserie notwendig geworden waren: Die Stuttgarter zogen einen zweiten Boden ein (was eindringende Feuchtigkeit in der Folgezeit zu besonders schlimmen Aktivitäten verleitete). Dr. Paul Simsa unterzog das Auto Anfang 1962 einem ehrlichen Test und lieferte in der »mot« 8/62 einen glatten Verriß: Trotz allen Verstärkungsaufwands »kann man nicht viel Verwindungssteifigkeit erwarten. Es schüttelt sich über Unebenheiten derart, daß man bei hohen Geschwindigkeiten wirklich den Spaß verliert. Auch stört der typisch hohe Boden des Cabriolets, der sich aus den Versteifungen ergibt. Bei diesem Preis wird das BMW 700 Cabriolet eine reine Liebhaberangelegenheit bleiben.«

Für genau diese Leute war das Auto ja gedacht, das in lediglich 2.500 Exemplaren entstand und

Die Vergrößerung des Radstands um 16 Zentimeter brachte viel Platz für die Hinterbänkler.

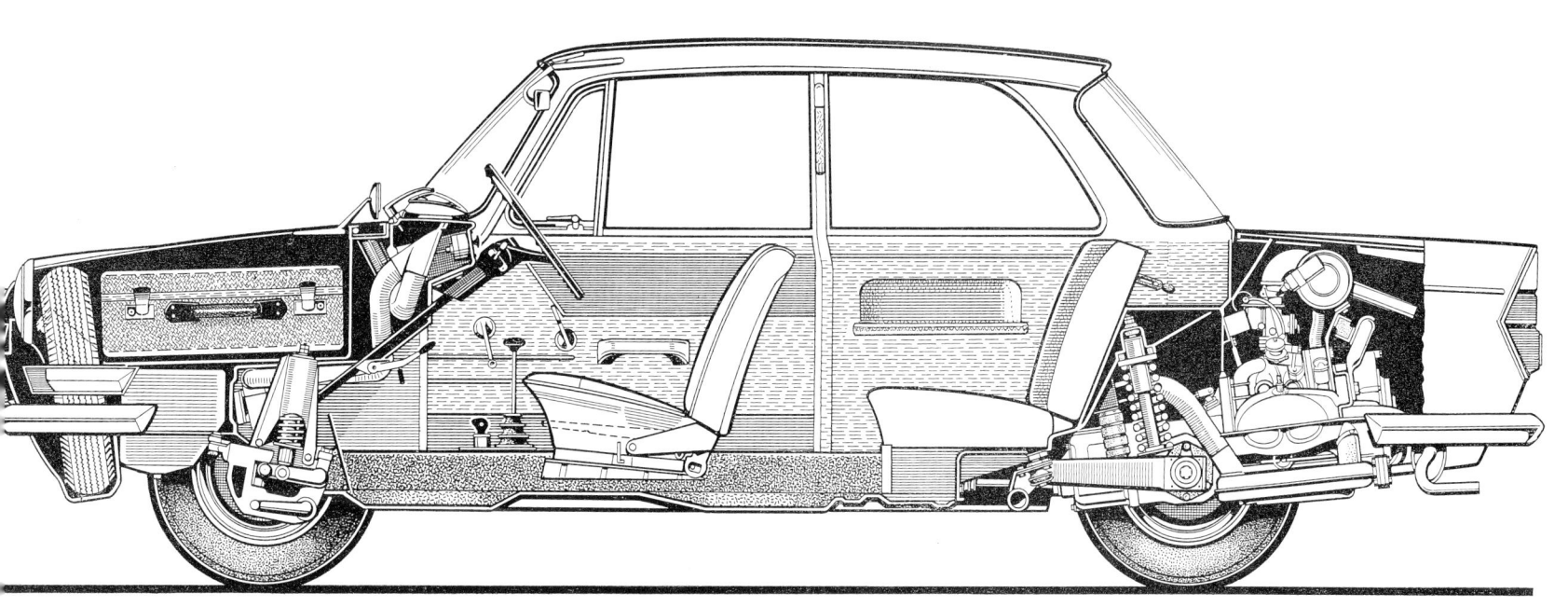

heute ein gesuchtes Liebhaberstück ist. Lobenswert waren beispielsweise die Kunstleder-Innenausstattung, das Handschuhkastenschloß und die einfach zu handhabende, robuste Verdeck-Konstruktion. Sie wurde einfach an der gegenüber dem Coupé flacheren Frontscheibe eingehakt und mit zwei Knebeln fixiert.

Gegenüber seinen Konkurrenten vom Schlage des Glas 1004 Cabrio oder Austin Healey Sprite konnte sich der kleine BMW durchaus sehen lassen. »Spaß am offenen Auto auf selten wirtschaftlicher Basis«, befand die »Motor Revue« darum noch im Herbst 1963.

BMW ließ nichts unversucht, seine Autos immer und überall zu präsentieren. Kaum eine Messe oder Ausstellung, wo die Münchner nicht vertreten waren – so auch in Brünn, Budapest, Zagreb und Tokio. Doch trotz aller Attraktivität und Vielgestaltigkeit des 700er-Programms stand, wie Hahnemann – der den 700 nicht mochte! – später erzählte, der kleine Wagen Ende 1961 »in Massen herum«. Vor allem deshalb, weil auf der Frankfurter IAA der neue 1500 – die »Neue Klasse« – gezeigt worden war und sofort 2.000 Vorbestellungen erfolgten! Hahnemann, dessen brachiale Verkäufermentalität auch bei BMW auf Widerspruch stieß,

Der längere Radstand kam zuerst der Luxus-Limousine zugute, erkennbar u.a. an den vorderen Dreieck-Kurbelfenstern.

Silberbronzierte Stoßstangen und fehlende Zierleisten kennzeichneten den kurzzeitig gebauten Einfach-LS.

ging der Ruf voraus, die Autos »unterm Hintern weg« zu verkaufen. Inlands-Verkaufschef Kolk berichtete, der »Neue« hätte – als er die unverkauften Autos sah – sofort den leistungsschwächsten Importeur ermitteln lassen. Dem Kopenhager Händler wurden ultimativ 30 bis 40 Autos aufgedrängt – als er ablehnte, löste Hahnemann den Vertrag. Dies sprach sich im Nu herum, und ebenso schnell nahmen die anderen die »Ladenhüter« ab!

Evolution Stufe 2 – die Langversion

Anfang 1962 folgte nach 70.000 produzierten und 62.000 verkauften 700ern die grundlegendste Änderung: Der Radstand der bisherigen Limousinen-Modelle wurde um 16 Zentimeter vergrößert, die Wagenkörper wuchsen damit um 32 Zentimeter in die Länge (und die Bodenwanne wurde größer, so daß die Innenraumhöhe anstieg). Der eigentliche Grund für den längeren Radstand war, den bisherigen 700er künftig mit Vierzylindermotoren bestücken zu wollen. Man dachte beispielsweise an den 1,1-Liter-Hansa-Motor aus der Borgward-Konkursmasse. Prototypen mit Vierzylindern wurden jedenfalls getestet. Doch aus einer Serienfertigung wurde nichts: BMW wollte auf Dauer weg von den Kleinwagen, anderseits sollte der »Neuen Klasse«

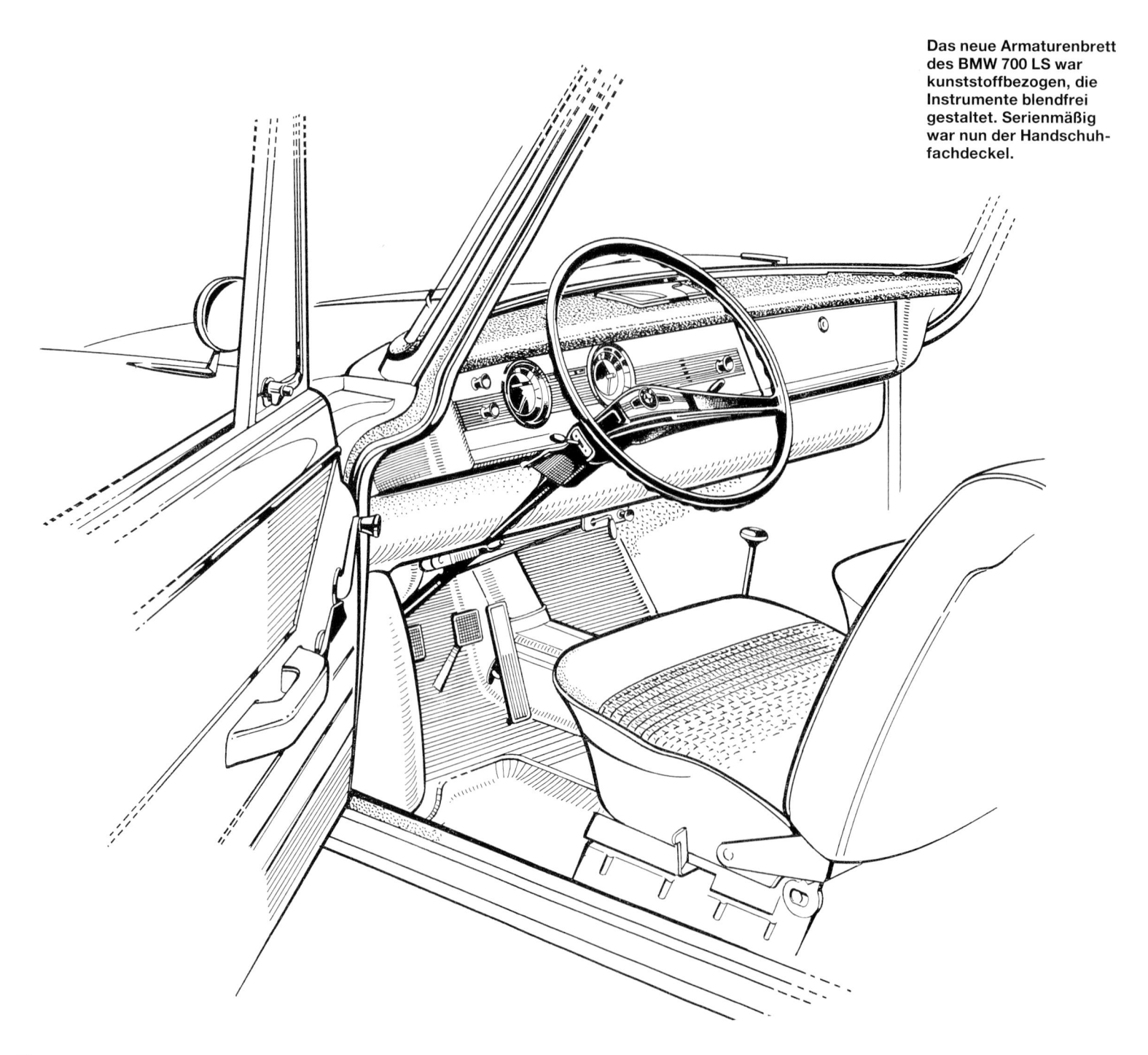

Das neue Armaturenbrett des BMW 700 LS war kunststoffbezogen, die Instrumente blendfrei gestaltet. Serienmäßig war nun der Handschuhfachdeckel.

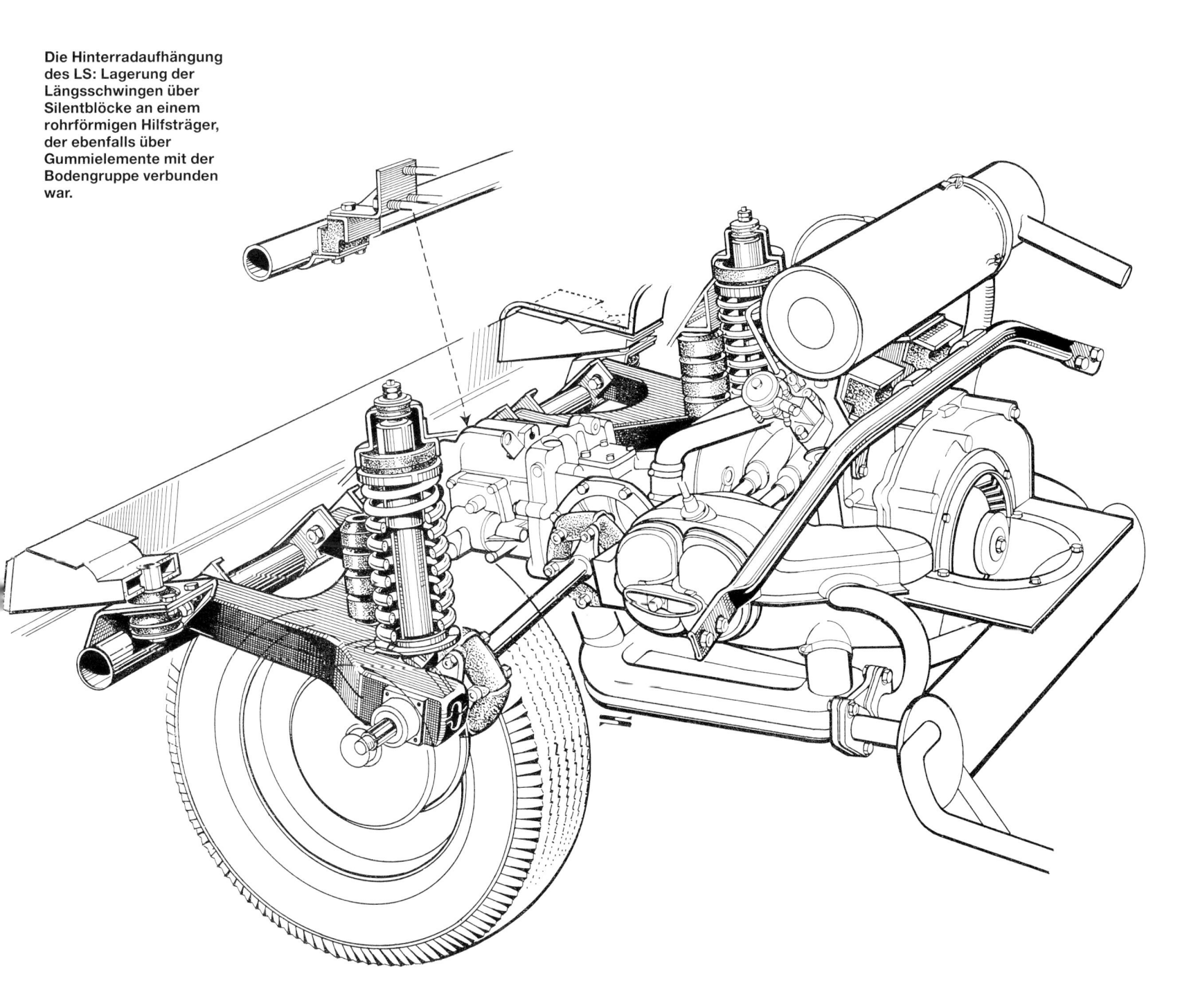

Die Hinterradaufhängung des LS: Lagerung der Längsschwingen über Silentblöcke an einem rohrförmigen Hilfsträger, der ebenfalls über Gummielemente mit der Bodengruppe verbunden war.

kein hauseigener Konkurrent in die Quere kommen. Auf jeden Fall war nun im Motorraum so viel Platz, daß dort sogar das Ersatzrad Platz gefunden hätte.

Stolz konnte BMW Ende 1962 die Fertigstellung des 100.000sten 700ers vermelden, der gleichzeitig das 500.000stes Nachkriegs-Fahrzeug markierte.

Der längere Radstand kam zuerst der mit 5.320 Mark mehr als einen Vierteltausender teureren LS Luxus Limousine (LS = Limousine Spezial) zugute, die damit um 20 Kilo schwerer wurde. Immerhin entfielen am Ende mit über 92.000 Stück rund 50 Prozent der 700-Gesamtproduktion auf die verlängerte Limousine. Der einfacher ausgestattete, weniger gefragte Sparversion LS (mit bronzierten Stoßstangen, ohne Kofferraumverkleidung und ohne Zierleisten) wurde nur von Februar 1963 bis Dezember 1963 in knapp 2.000 Exemplaren gebaut. Die LSL-Version blieb dagegen von März 1962 bis zur Produktionseinstellung im November 1965 im Programm und entstand über 90.000 mal.

Mit der neuen Karosserie erschien der 700 deutlich erwachsener. LS und LSL erhielten die gleichen Rundinstrumente im blendfreien, kunststoffüberzogenen Armaturenbrett, Öldruck-Warnleuchte, Getriebe-Schaltschloß, Scheibenwaschanlage sowie Anschlüsse für Sicherheitsgurte. Die verbesserte Ausstattung des LS Luxus (der 1964 um 350 Mark preisgesenkt wurde!) umfaßte beispielsweise eine stufenlos regulierbare Instrumenten-Beleuchtung des Armaturenbretts im Stil des Neue-Klasse-BMW, elektrische Zeit- und Benzinuhr, abschließbares Handschuhfach, Sitzpolsterung mit Kunststoff-Verschleißkanten (LS und LSL: Sitzverschiebung nach hinten um 12,5 cm, Rückenlehne in vier Neigungen kippbar), Schwenkfenster vorn, Armlehnen an beiden Türen und an den Rücksitzen, Halteschlaufen links und rechts, Türkontakt-Schaltung für die Innenbeleuchtung, abwaschbarer Kunststoffhimmel, seitliche Zierleisten auf der Fronthaube, verchromter Kennzeichenbügel vorn, Scheibenwaschanlage, Rückscheinwerfer und sehr viel Chrom.

Natürlich ließ sich auch allerhand Zubehör dazu bestellen. Sinnvoll war der Drehzahlmesser, der ab Werk nur noch mit 275,- Mark berechnet wurde, weil er an die Stelle der Zeituhr kam. Beim Coupé kostete er nur 147,-. Mark. Bei der Einfach-Limousine unbedingt empfehlenswert waren die hinteren Ausstellfenster (45,- Mark), das Schiebedach für 350,- Mark war Geschmackssache. Ebenfalls sinnvoll: Liegesitzbeschläge für 59,- Mark – alles andere diente meist der optischen Verschönerung. Den Saxomat gab's nunmehr auch für die Limousine nicht mehr.

Ab Februar 1963 erhielten beide Limousinen dank vergrößerter Einlaßventile, aber unveränderter Verdichtung und Nenndrehzahl 32 PS spendiert. Die

Das Lang-Coupé war ein stilistischer Flop. Die Riesen-Heckscheibe harmonierte nicht mit dem restlichen Auto.

Bei manchen Rennen erschienen bis zu 40 BMW 700, die dann eine interne Vorausscheidung zu fahren hatten.

Tester der »Motor-Rundschau« schlußfolgerten, daß »der LS mit heute 32 PS ein merklich flotteres Auto (wurde), wobei die nur 2-Mehr-PS sehr deutlich in den Meßwerten zutage treten.« Und diese Leistungssteigerung kam natürlich auch dem bislang unveränderten 700 Coupé zugute.

Endlich hatte der 700 seine aktuellen Konkurrenten VW Käfer und DKW Junior erreicht – und gleichzeitig durch den längeren Radstand mehr an Fahrkomfort gewonnen. Allerdings war selbst der abgemagerte 700 LS für 4.785 Mark 700 LS erheblich teurer als der NSU Prinz 4 (4.390,-) oder der Fiat 600 D (4.110,-). Und mehrere Tester verschiedenster Zeitschriften waren sich einig: »Die Verarbeitung am Band ist gleichgültig, oft nachlässig. Das Werk spart an Kleinigkeiten, die auffallen. Der BMW 700 LS ist im Verhältnis zu seinem Hubraum, seiner Ausstattung und seiner Verarbeitung zu teuer« (»mot« 6/1963).

Ebenfalls auf das lange Chassis – aber erst ab ab September 1964 – wurde das bisherige 32-PS-Coupé gesetzt. Die Fertigung des noch einmal mittels Torsionsstabilisators und verbesserten, drehbaren Schalensitzen aufgewerteten 40-PS-Sport Coupés (700 CS) war schon im Mai 1964 ausgelaufen. Das verlängerte, grundsätzlich 40 PS starke LS Coupé kostete nunmehr mit 5850 Mark genau so viel wie vorher das kurze Sport-Coupé. Insgesamt entstanden bis zur Produktionseinstellung 36.000 Coupés.

Doch das lange Coupé war ein stilistischer Flop, der überdies 45 Kilo schwerer als das Kurz-Coupé geriet. Der Karosserieaufbau mit den kleinen Seitenfenstern und den Türen des bisherigen Coupés, der angesetzten überdimensionierten Heckpartie (mit chromeingefaßtem Grill – eine Verlegenheitslösung, genau wie die verchromte Abschlußleiste hinten) und der notdürftig kaschierenden Riesen-Heckscheibe harmonierte überhaupt nicht mit dem Unterbau. Die Ausstattung dieser Autos wurde sehr viel besser: wuchtigere Sitze, Teppiche im gesamten Fußraum, Holzimitationen am Armaturenbrett, mehr Zierleisten außen. Nur ganze 1730 Käufer entschieden sich für dieses Coupé, weniger als fürs Cabrio. Letzters erschien übrigens niemals mit LS-Radstand, erhielt aber die längere Motorhaube der LS-Version.

Im September 1965 endete die Produktion des Coupés, im November lief die Limousinen-Fertigung aus. Auf den Fließbändern lief nun die Neue Klasse. Alles in allem waren 188.121 Einheiten des 700 entstanden. Damit machten sie zu 50 Prozent das damalige BMW-Programm aus. Das Spandauer Werk, wo schließlich die Motorräder produziert wurden, übernahm von nun an die Ersatzteilfertigung für den 700.

Außerdem gingen Teilesätze ins Ausland, die dort montiert wurden: 22.000 nach Belgien, 10.000 nach Italien, 6.700 nach Argentinien und 3.000 in die USA. In Griechenland wurde eine Zeitlang der 700 LS montiert.

Der »Kleine Zornige« im Rennsport
Von Anfang an wurde der BMW 700 im Rennsport eingesetzt. Am 12. April 1961 (ab Chassis-/Motornummer 190001) wurde er von der FIA unter der Nummer 1060 homologiert. Mit Nachtrag vom 5. Juni 1960 wurden weitere Sportgetriebe freigegeben – mit kürzer übersetzten ersten drei Gängen (statt 3,54 – 1,94 – 1,27 – 0,84 nunmehr auch 2,67 – 1,60 – 1,15 – 0,84). Außerdem durften ab sofort ein 40-Liter-Tank, eine Auspuffanlage mit zwei verkürzten Schalldämpfern (ohne Heizung), Amadori-Leichtmetallräder sowie Ansaugtrichter statt der Luftfilteranlage verwendet werden. Später gab es spezielle Bergrenn-Getriebe mit vier (2,44 – 1,74 – 1,32 – 1,07) bzw. fünf – also mit Anfahrgang für GT-Wagen – Gängen (3,02 – 2,12 – 1,73 – 1,36 – 1,03).

So blieb der BMW 700, wie eine aus zahllosen Befragungen resultierende Marktanalyse Hahnemanns später ergab, im Gedächtnis haften (während Isetta und 600 als Intermezzo abgetan wurden): als kompaktes, sympathisches Sportcoupé, als kleiner Zorniger, der die Gegner das Fürchten lehrte. Keine Rallye, Rundstrecke, kein Slalom und kein Langstrecken-, Berg- und Straßenrennen bis Mitte der Sechziger ohne die kleinen Bayern. Ihre schärfsten Gegner waren die schnellen Steyr-Puch, die NSU TT und die Sportprinzen und die »Giftzwerge« von Abarth. Bei manchen Rennen erschienen bis zu 40 kleine BMW, die dann eine interne Vorausscheidung zu fahren hatten.

Bedeutende Fahrer wie der frühere Formel-Pilot Hans Stuck (seit 1957 Repräsentant von BMW), Könner wie Alexander von Falkenhausen und Newcomer wie Hubert Hahne, Jacky Ickx, Sepp Greger, Rauno Aaltonen, Rolf Wütherich, Herbert Linge, Fürst v. Metternich, Edgar Barth, Walter Schneider und Jochen Neerpasch errangen viele Erfolge mit den 700ern. Bis auf Ludwig Apfelbeck gingen alle BMW-700-Tuner selbst auf die Strecke: v. Falkenhausen, Willi Martini, Werner Dinkel, Dieter Schey und Fritz Grünwald. Bis 1965/66 wurden 530 erste, zweite und dritte Plätze belegt und Meisterschaften gewonnen!

So avancierte der 60jährige Hans Stuck auf einem 60-PS-Coupé 1960 zum Deutschen Bergmeister, 1961 wurde Fürst Metternich Deutscher Rundstreckenmeister sowie Deutscher Rallyemeister, und 1962 errang der 700er-Fahrer Hans Eppelein die Deutsche Bergmeisterschaft in der GT-Klasse. Ein merkwürdiger Wertungsmodus war inzwischen in Kraft, der Siege vor einer Riesenarmada höher

Peter Hahn gewann auf dem GT-Prototyp die Deutsche Bergmeisterschaft 1965.

Auch in dieser Form – mit nicht verkleideten Scheinwerfern – lief ein Martini-Prototyp im Renneinsatz.

bewertete als den ersten Platz vor kleinem Feld. Daraufhin beschaffte BMW einer Reihe von Münchner Coupé-Besitzern die ONS-Lizenz, damit sie am entscheidenen Bergrennen in Wildbad Kreuth teilnehmen konnten. Voraussagegemäß gewann Eppelein vor einem Riesenfeld – und errang so den Titel.

Der Regenspezialist Hubert Hahne, der später so erfolgreich mit der »Neuen Klasse« unterwegs war, gewann 1963 den Europapokal für Tourenwagen in der Klasse bis 1000 ccm. Beispielsweise gelang es ihm, das Sechsstundenrennen auf dem Nürburgring 1963 siegreich zu beenden, während das Werksteam Schneider/Falkenhausen ausfiel (danach wurde Hahne als Werksfahrer geholt). Deutscher Meister der Ausweisfahrer (ONS-Pokal) wurde Willi Martini (von dem gleich noch die Rede sein wird) auf einem BMW 700 mit 65-PS-GT-Motor.

Bei der Rallye Monte Carlo 1961 belegten die Deutschen Bloch/Paul auf BMW 700 den fünften Platz im Gesamtklassement. 1962 war gleich eine ganze Armada von 700ern dabei; u. a. Borbowski (F), Lestrade/Laborde (F), Fürst Metternich (10. Platz), Sage/Gasan (E).

Die Voraussetzungen für den Einsatz des BMW 700 waren schon konzeptionell überaus günstig. Der Motor erlaubte ohne weiteres eine Leistungssteigerung auf 54 PS bei 7200 Touren – indem die Verdichtung auf 10,5 : 1 hochgesetzt wurde, schärfere Nockenwellen, offene Ansaugtrichter, aber weiterhin zwei Solex-Vergaser, eine Aluminium-Ölwanne und ein Luftleitblech am Ölsieb zum Einsatz kamen und Gewichtserleichterungen etwa an Schwungscheibe und Lüfterrad vorgenommen wurden. Je nach Einsatz konnten Spezialgetriebe in Anspruch genommen werden. Auch das Fahrwerk erfuhr mit verkürzten Federn, härteren Stoßdämpfern und negativen Sturz an Vorder- und Hinterachse Veränderungen für den Renneinsatz. 1963 wurden sogar 13-Zoll-Felgen homologiert. Das homologierte Leergewicht betrug 610 Kilogramm, machbar waren aber sogar 570 Kilo.

Die allererste Werksbeteiligung von BMW erfolgte

1960 mit einem GT-Coupé, das muntere 62 PS bei 7400 Touren auf die schmalen Hinterräder brachte. Dieser Stoßstangen-Motor verfügte bereits über zwei Dell'Orto-Vergaser. Ein ebenfalls 1960 eingesetzter GT für Bergrennen kam auf 70 PS bei 7800 U/min. Der Motor – ebenfalls mit zwei Dell'Orto-Vergasern, aber mit Rollenstößeln statt Stoßstangen – stammte aus der Hexenküche Alex von Falkenhausens. Walter Schneiders GT, mit dem er 1961 beim Grand Prix von Deutschland in der Klasse bis 1000 ccm mit einem Durchschnitt von 103,5 km/h siegte, leistete 60 PS.

Doch irgendwo waren der Leistungssteigerung des bisherigen BMW-Stoßstangenmotors konstruktive Grenzen gesetzt. Darum entwickelte das Werk 1961 einen Sportmotor mit zwei obenliegenden, kettengetriebenen Nockenwellen (»Kettenhund« genannt), der 78 PS bei 8200 U/min erreichte. Ihm folgte dann ebenfalls 1961 – als Krönung! – ein Königswellen-Motor von Ludwig Apfelbeck mit leichterer, feingewuchteter Kurbelwelle mit zwei 48er Dell'Orto-Rennvergasern. Er kam gleichfalls auf 78 PS bei 8200 U/min. Die Leistungsspitze markierte schließlich ein 850-ccm-ohc-Zweizylinder mit 82 PS bei 8200 Umdrehungen. Die Maschinen mit 78 und 82 PS trieben den Roadster 700 RS (RS = Rennsportwagen) an, von dem zwischen 1961 und 1963 ganze 19 Exemplare entstanden (darunter der im Rennsportmuseum am Nürburgring ausgestellte Wagen von Hans Eppelein). Damit wurde es nichts mit der Homologierung des RS als GT-Wagen, denn dafür hätten mindestens 100 Fahrzeuge gebaut und verkauft werden müssen. Doch bis in die zweite Hälfte der Sechziger rannten diese Autos erfolgreich vor allem bei Bergrennen, am Ende sogar offen, mit integriertem Targa-Bügel. 1966 fuhr beispielsweise der BMW Lotus mit 700er Motor.

Anders als im Serien-700 handelte es sich beim 700 RS um ein richtiges Mittelmotor-Auto, das bis zu 200 km/h schnell war. Das Triebwerk saß vor der Hinterachse, das Getriebe befand sich dahinter. Vorderachse (nunmehr mit spur- und sturzkonstanten Längslenkern in Parallelogramm-Anordnung), Lenkung, Getriebe, Kupplung und das Motor-Kurbelgehäuse aus Leichtmetall stammten noch, leicht modifiziert, vom originalen 700 – alles andere waren mehr oder weniger Neukonstruktionen. Die 1,06 Meter flache Aluminium-Karosserie saß auf einem reichlich diagonal verstrebten Gitterrohrrahmen, Motor und Getriebe wurden von einem stabilen, darüber verlegten Längsträger gehalten. Speziell für dieses Fahrzeug wurde ein Getriebegehäuse mit spiegelbildlich angeordnetem Differential gegossen.

Willi Martini, BMW-Händler in den Räumen der Veritas-Manufaktur (direkt hinter dem früheren Sporthotel am Nürburgring, dort wo heute das Rennsportmuseum steht), setzte mit seinen atemberaubenden Kreationen noch eins drauf. Der 1925 in

In der Mitte ist der Formel-M-Monoposto zu sehen, mit dem Martini eine eigene Rennserie aufbauen wollte.

12-Stunden-Rennen auf dem Hockenheimring 1960: Hans Stuck/Sepp Greger wurden erste.

Adenau geborene, gelernte Flugzeugbauer hatte schon früh Segelflugzeuge aus Kunststoff gefertigt und sich Erfahrungen im Handauflegeverfahren mit Fiberglas und Polyester erworben. Nach dem Zweiten Weltkrieg arbeitete er in Ernst Loofs Veritas-Firma, wo auf BMW-328-Basis wunderschöne Sportwagen entstanden, kam dann nach dem endgültigen Aus für Veritas als Karosseriespengler zu BMW und übernahm schließlich 1955 als BMW-Vertragshändler Loofs Räume am Nürburgring.

Martini, der später bis zu 15 Leute in seiner Firma beschäftigte, hatte ganz klein begonnen; allein der Isetta-Verkauf machte nicht satt, auch wenn der Abschlepp- und Reparaturdienst für die Rennstrecke ein Zubrot brachte. Den Einstieg ins Tuninggeschäft veranlaßte sein langjähriger Freund Graf Berghe von Trips, der 1960 fünf entsprechend Anhang J des Sportgesetzes leistungsgesteigerte 700 Coupés orderte, mit denen die Nachwuchsformel »Scuderia Colonia« bestückt werden sollte. Einer der so geförderten Nachwuchsfahrer war übrigens der spätere Ford-Chefdesigner Uwe Bahnsen. Willi Martini kniete sich daraufhin ins Tuninggeschäft und lieferte ab sofort rennfertige, stärkere 700er (in den Leistungsstufen 48, 54 und 58 PS), rüstete aber auch Fahrzeuge im Kundenauftrag hoch. Selbst Formel-Weltmeister Fangio ließ fünf Martini-700er nach Argentinien kommen, die – so die ausdrückliche Forderung – auf dem Nürburgring eingefahren sein mußten.

Handicap bei der Leistungssteigerung war in erster Linie die schwere Dynastart-Anlage auf der Kurbelwelle. Martini ließ daraufhin von Bosch einen leichteren Spezialanker wickeln, der weit höhere Drehzahlen ermöglichte. Das so entstandene Zubehöraggregat wurde fortan als Martini-Tuningteil angeboten. Bei den späteren Hochleistungsmaschinen (etwa den Königswellenmotoren) fiel die Daynastart-Anlage ganz weg, statt dessen wurde ein Starter mit Verteiler eingebaut.

Schon ab 1960 schickte Willi Martini modifizierte 700ern zu Rallyes, Berg- und Rundstreckenrennen (z.B. Sechsstundenrennen auf dem Nürburgring 1961). Hahne und Neerpasch waren seine ersten Fahrer, denen er freilich nur die Autos zur Verfügung stellte; einen eigenen Rennstall unterhielt Martini nie. Schließlich erwiesen sich die Martini-BMW den BMW-Werkswagen als überlegen, was zu einiger Verstimmung führte. Als beim Schorndorfer Bergrennen 1962 erneut ein Sieg von BMW-Werksfahrer Hans Stuck vorauszusehen war, drohte »Falke« (wie Insider den Motorenpapst v. Falkenhausen nannten) vorab mit einem Protest gegen Martini: Dessen bärenstarke Motoren hätten nicht mehr 700, sondern 850 ccm! Daraufhin ließ dieser in einer spektakulären, öffentlichen Aktion vor dem Rennen den Motor auslitern – und siehe da, er hatte nicht einen Kubikzentimeter zuviel. Später verriet Martini den Trick an die BMW-Motorenleute (den Rosche dann im Falkenhausen-Auftrag mühsam nachvollziehen mußte): Durch eine um einen Millimeter versetzte Bohrung der Kipphebel sorgte er für einen größeren Ventilhub und damit für eine bessere Füllung der Zylinder! BMW dagegen setzte in erster Linie auf eine Vergrößerung des Nockenwellen-Grundkreises. Das Schorndorfer Rennen jedenfalls gewann Martinis Fahrer Kurt Pfnier mit dem plombierten, geprüften 700er-Motor.

Fast alle Tuner nahmen mit ihren Fahrzeugen an Rennen teil. Hier ist Alexander von Falkenhausen auf Siegesfahrt bei der Rallye Trento – Bondone.

Auch Max Klankermeier, Meister in der BMW-Produktion und bekannter Motorrad-Rennfahrer, startete auf BMW 700 – eine Aufnahme von der Österreichischen Alpenfahrt 1961.

Schließlich beauftragte BMW Ende 1962 den Alleskönner vom Nürburgring, für das 9. Internationale ADAC 1000-Kilometer-Rennen am 19. Mai 1963 direkt vor der Haustür mehrere leichte Spezial-Coupés zu bauen. Martini kam dabei seine Erfahrung als Flugzeugbauer zu Hilfe, als er den extrem leichten, windschnittigen Kunststoffaufbau im sogenannten Handauflegeverfahren in Angriff nahm. Das Rohmaterial lieferte kostenlos die BASF, BMW steuerte zehn Boden- und Motoren-Bausätze zu. Zugrunde lag dem Ganzen eine Skizze Uwe Bahnsens, die Martini allerdings noch windschnittiger ausführte.

Fürst von Metternich, Zehnter im Gesamtklassement der Rallye Monte Carlo von 1961.

Ganze 20 Kilogramm wog dann die Coupé-Karosserie (zuzüglich Hauben und Türen), die anfangs in drei Exemplaren entstand. Der Aufbau erwies sich später bei einem Rütteltest bei BMW in München gegenüber der serienmäßigen 700-Karosserie als haushoch überlegen. Er war mit einem verwindungssteifen Rohrgerüst verklebt – und dieses kam dann auf den verstärkten Plattformrahmen des BMW 700. Das Fahrwerk blieb im wesentlichen das des 700er-Coupés, wurde aber tiefergesetzt, mit Koni-Stoßdämpfern und negativem Sturz an Vorder- und Hinterachse versehen. Statt 12- kamen 13-Zoll-Räder zum Einsatz. Die 700er-Motoren lehnten sich an die serienmäßigen Stoßstangen-Maschinen an, hatten aber Spezialzylinderköpfe (Einlaßventil-Durchmesser 44 mm, Auslaß 40 mm)), geschmiedete Mahle-Kolben und waren bis 10,5 : 1 verdichtet. Damit waren bis zu 68 PS möglich.

Schreiber/Hahne und Hülbusch/Bialas starteten zwei der Martini-Coupés als Privatfahrer in der Prototypen-Klasse bis 850 ccm. Sie kamen schließlich auf Platz 1 und 2 in der Klasse bis 1300 ccm (29. bzw. 25. Platz in der Gesamtwertung aller Klassen). Als Werks-Prototyp ging das Martini-Coupé von Walter Schneider und Toni Fischhaber ins Rennen, fiel aber mit Motorschaden aus. Diesem Wagen hatte BMW seinen 82-PS-Königswellen-RS-Motor mit zwei Dell'Orto-Fallstromvergasern verpaßt.

Anfang 1964 löste Hahnemann die 700er-Werks-Rennabteilung auf und überließ Martini das restliche Material sowie drei Werks-Rennwagen. In der Zwischenzeit entstanden weitere Coupés, insgesamt zehn Stück.

Der in zwei Versionen existierende Wagen, nunmehr mit senkrecht stehenden Scheinwerfern und ohne BMW-Niere, bekam übrigens sogar eine Straßenzulassung. »Auto, Motor und Sport« testete 1964 den 600 Kilogramm leichten, zweisitzigen Straßen-Martini mit 60-PS-Motor. Sie bescheinigten ihm echte 185 km/h Spitze, andererseits aber relativ wenig Alltagstauglichkeit.

Hinter dem Projekt stand natürlich der Wunsch Martinis, dieses Auto in Kleinserie zu produzieren. Die Motoren hätten, je nach Kundenwunsch, mit 52, 55, 60 und 65 PS aufwarten können. Dabei sollten die wettbewerbstauglichen Martinis mit rund 10.000 Mark weniger als die populären Abarth-Zwerge kosten. Doch eine echte Serienfertigung erwies sich letztendlich als unrentabel.

Willi Martini baute noch weitere Prototypen, da-

Dieser Gitterrohrrahmen bildete das Rückgrat des BMW 700 RS.

runter 1964/65 einen Formel-M(= Martini)-Monoposto-Rennwagen mit hochstehenden Dämpferpaketen an der Vorderachse und einem Aufbau, der seinen Ursprung in der Form eines Starfighter-Zusatztanks hatte. Der in zehn Exemplaren gebaute Wagen sollte eine eigene Rennserie begründen sollte und lief eine Zeitlang erfolgreich gegen die VW der Formel Vau. Bis heute beschäftigt seine BMW-Vetretung zwei Werkstätten in Adenau mit der »Aufrüstung« von 700ern.

Es gab noch weitere Wettbewerbs-Einzelstücke auf Basis des »Kleinen Zornigen«, zum Beispiel den Lotus BMW 700, einen nur 410 Kilogramm leichten GT-Kunststoff-Prototypen auf Gitterrohrrahmen, dessen Mittelmotor 62 bis 82 PS brachte. Über die 700er-Konstruktionen von Höhreich und Condor ist nichts bekannt, wohl aber über den SWM BMW 700 Prototyp mit Heckmotor (62 bis 82 PS). Hier wurde eine GFK-Karosserie auf die Serienbodengruppe gesetzt.

Das betont leistungsgesteigerte Antriebsaggregat des 700 RS. Der Königswellen-Motor saß vor der Hinterachse, das Getriebe dahinter.

Als Sonderfahrzeuge wurden nur zwei Konstruktionen richtig bekannt, ohne für dauerhaften 700er-Nachruhm zu sorgen: das der Faun Kraka der Bundeswehr und das erwähnte Farmobil. In bereits gedruckten Prospekten lief es als »BMW Farmobil«, angeboten werden sollte es, nunmehr mit dem 700er-Motor, über die BMW-Händler. Doch dazu kam es nicht mehr, da Fahr mit KHD einen Vertrag über den Bau von Deutz-Schleppern abschließen

Den »Kraftkarren« – kurz: Kraka – hatte die Zweiradunion entwickelt. Faun baute ihn bis Mitte der Sechziger mit dem BMW-700-Motor vor allem für die Armee als »1,61 t zGG«.

Der Übergang zur »Neuen Klasse«

Versuche, mit einem vergrößerten 700er direkt den Sprung in die Mittelklassse zu schaffen, hatte es einige gegeben. Begonnen hatte es mit den erwähnten Ein- und 1,3-Liter-Prototypen mit Alfa-Tarnung; dann folgte ein zweitüriger Einliter-Wagen mit 507-Kühlergrill und Heckleuchten nach Muster des Peugeot 404 Coupé. Ein weiterer Prototyp mit 1,3-Liter-Vierzylinder von 1959/60 basierte bereits auf dem neuen 700. Erstmals hatte dieses Auto den eigentlich von Bertone erfundenen Knick in der C-Säule, der bis heute festes BMW-Stilelement geblieben ist. Von der Mitte der runden Frontscheinwerfer bis zur Oberkante der Rückleuchten lief eine Zierleiste – ein später beim 1500 tatsächlich realisiertes Stil-Element. Unterm Blech verrichtete aber noch eine hintere Starrachse an Blattfedern ihren Dienst.

100

Das Farmobil hatte nur einen Nachteil: Es besaß keinen Allradantrieb! Aber es ließ sich für die verschiedensten Verwendungszwecke nutzen.

1:5-Studie eines GT-Coupés mit leistungsgesteigertem 700-ccm-Zweizylinder von 1964.

konnte. So traf es sich gut, daß in Südosteuropa und Nordafrika ein großes Interesse an diesem Fahrzeug bestand, wie Messepräsentationen 1961 in Saloniki, Zagreb und Damaskus zeigten. Die Farco AG Saloniki des Jungunternehmers Peter Kondogouris übernahm künftig den Lizenzbau des Halbtonners.

Unmittelbar im Gefolge der Energiekrise Mitte der siebziger Jahre entsann man sich bei BMW wieder des 700 und stellte einen Prototypen mit Elektromotor auf die Räder. Gespeist wurde er von zehn 6-Volt-Batterien (Reichweite 70 km, Höchstgeschwindigkeit 65 km/h), das Leergewicht erhöhte sich auf 1100 kg. Zu einer Serienfertigung kam es jedoch nie.

Ein weiteres, durchaus serienträchtiges Projekt war ein optisch sehr gelungenes GT-Coupé mit leistungsgesteigertem 700-ccm-Zweizylinder, das Alexander von Falkenhausen 1964 als 1:5-Modell dem Vorstand präsentierte. Auch daraus wurde angesichts der erfolgreichen Neuen Klasse nichts.

Der zur IAA 1961 vorgestellte 1500 hatte tatsächlich die wirtschaftliche Rundum-Gesundung für BMW – und den Aufstieg nach ganz oben gebracht. Ohne den 700 wäre er freilich nicht möglich gewesen. Vom Marketing her war es verständlich, daß dessen Produktion beendet wurde. 700er-Enthusiasten fragen sich dennoch, ob nicht mit dem verworfenen LS mit Einliter-45 PS-Vierzylindermotor eine Art früher GTI verpaßt wurde.

Siege und Meisterschaften mit dem BMW 700

QUELLE: BMW-Archiv

1960
GP v. Deutschland, Nürburgring: Walter Schneider (GT)
Rallye Wiesbaden: Klaus Block/Bertram (Tourenwagen)
Bergrennen Trento – Bondone: Hans Stuck (GT)
Bergrennen Pirmasens: Alexander v. Falkenhausen (GT)
GP d. Tourenwagen, Nürburgring: Walter Schneider/Leo Levine (Tourenwagen)
Rallye Trifels: Gerhard/Picards (Tourenwagen)
Großer Bergpreis d. Schweiz: Hans Stuck (GT)
Bergrennen Eberbach: Alexander v. Falkenhausen (GT)
12 Stunden v. Hockenheim: Hans Stuck/Sepp Greger (Tourenwagen)
Rallye Gran Canaria: Alexander v. Falkenhausen (Tourenwagen)
500-Kilometer-Rennen Nürburgring: Herbert Linge/Heinz Schwind (Tourenwagen)
12 Stunden v. Monza: Priolo/Ottavio (Tourenwagen)
Internationale Österreichische Alpenfahrt: Alexander v. Falkenhausen (GT)
Rallye Roland, Bremen: Klaus Block/Bertram (Tourenwagen)
Freiburger Bergrekord: Hans Stuck (GT)
Rallye Catalunas: Victor Sage (Tourenwagen), Maria Garcia (GT)
Bergrennen Gaisberg: Hans Stuck (GT)
Avus-Rennen, Berlin: Klaus Block/Paul (Tourenwagen)
Bergrennen Roßfeld: Hans Stuck (Tourenwagen), Ekkehard Döring (GT)
Tour de France: Fürst v. Metternich (Tourenwagen)

Deutsche Bergmeisterschaft: Hans Stuck, BMW 700 S (Tourenwagen, GT)

1961
GP v. Brüssel: Alexander v. Falkenhausen (Tourenwagen)
24 Stunden v. Nürburgring: Walter Schneider/Herbert Linge (Tourenwagen)
Silverstone Trophy: Herbert Linge (Tourenwagen)
Bergrennen Eberbach: Hans Stuck (Tourenwagen), Alexander v. Falkenhausen (GT)

Mille Miglia 1961: Klaus Block (Tourenwagen)
GP d. Tourenwagen, Nürburgring: Walter Schneider/Heinz Schwind (Tourenwagen)
Großer Bergpreis d. Schweiz:
  Alexander v. Falkenhausen (Tourenwagen, GT), Walter Schneider (Sportwagen)
Bergrennen Vaals: Alexander v. Falkenhausen (Tourenwagen)
12 Stunden v. Hockenheim: Walter Schneider (Tourenwagen)
Bergrennen Gaisberg: Walter schneider (Sportwagen)
Flugplatzrennen Pferdsfeld: Herbert Linge (Tourenwagen)
12 Stunden v. Monza: Hans Stuck/Sepp Greger (Tourenwagen)
Bergrennen Pirmasens: Hans Stuck (Tourenwagen)
Rennen Silverstone: Herbert Linge (Tourenwagen)
Bergrennen Spessart: Toni Fischhaber (Tourenwagen)
500-Kilometer-Rennen Nürburgring: Hans-A. Stausberg/Heinrich Hülbüsch (Tourenwagen)
Bergrennen Bad Neuenahr: Hubert Hahne (Tourenwagen)
AvD Nürburgring-Trophäe: Walter Schneider (Tourenwagen)
Bergrennen Roßfeld: Hans Stuck (Tourenwagen)
Bergrennen Trento – Bondone: Alexander v. Falkenhausen (Tourenwagen)
Internationale Österreichische Alpenfahrt: Arnulf Pilhatsch (GT, Sportwagen)
Bergrekord Freiburg: Hans Stuck (GT), Walter Schneider (Sportwagen)
Bergrennen Schorndorf: Heinrich Eppelein (GT)
Akropolis Rallye: Klaus Block/Bertram (Tourenwagen)
Tulpen Rallye: Klaus Block/Bertram (Tourenwagen)

Deutsche Rundstreckenmeisterschaft: Walter Schneider, BMW 700 S (Tourenwagen)
Deutsche Rallyemeisterschaft: Fürst v. Metternich/Heinz Schwind, BMW 700 S (Tourenwagen)
Deutsche Tourenwagenmeisterschaft: Fritz Bohrmann, BMW 700 S (Tourenwagen)

1962
GP v. Brüssel: Alexander v. Falkenhausen (Tourenwagen)
Flugplatzrennen Trier: Horst Eitenauer (Tourenwagen)
500-Kilometer-Rennen Nürburgring: Toni Fischhaber (Tourenwagen)
Rallye Akropolis: Levy/Gerhard (Tourenwagen)
Coupe de Paris, Montlhéry: Alexander v. Falkenhausen (Tourenwagen)
Bergrennen Schorndorf: Heinrich Eppelein (GT)
Bergrennen Parma – Poggio: Alexander v. Falkenhausen (Tourenwagen)
Bergrennen Gaisberg: Toni Fischhaber (Tourenwagen), Heinrich Eppelein (GT)
Coupe de Bruxelles: Alexander v. Falkenhausen (Tourenwagen)
Bergrennen Namur: Horst Eitenauer (Tourenwagen)
Bergrennen Eberbach: Manfred Behnke (Tourenwagen), Alexander v. Falkenhausen (GT)
AvD Nürburgring-Trophäe: Gottlieb Koch (Tourenwagen), Walter Schneider (GT)

1000-Kilometer-Rennen Nürburgring: Heinrich Hülbüsch/Horst Schreiber (GT)
Bergrennen Corsa della Mendola: Alexander v. Falkenhausen (Tourenwagen)
Avus-Rennen, Berlin: Gottlieb Koch (Tourenwagen)
Bergrennen Röhn: Jürgen Grähser (Tourenwagen)
Internationale Alpenfahrt: Alexander v. Falkenhausen (GT)
Bergrennen Timmelsjoch: Alexander v. Falkenhausen (Tourenwagen)
GP v. Hockenheim: Gottlieb Koch (Tourenwagen), Walter Schneider (GT)
Bergrennen Bad Neuenahr: Manfred Behnke (Tourenwagen), Walter Schneider (GT)
GP d. Tourenwagen, Nürburgring: Toni Fischhaber/Gottlieb Koch (Tourenwagen)
Bergrennen Trento – Bondone: Alexander v. Falkenhausen (Tourenwagen)
Bergrekord Freiburg: Heinrich Eppelein (GT), Walter Schneider (Sportwagen)
Coupe du Salon Paris: Alexander v. Falkenhausen (Tourenwagen)

Deutsche Bergmeisterschaft Tourenwagen: Toni Fischhaber, BMW 700 S
Deutsche Bergmeisterschaft GT: Heinrich Eppelein, BMW 700 RS
ONS-Pokal für Tourenwagen: Wolf-Rüdiger Zink, BMW 700 S

1963
4 Stunden v. Monza: Paolini (GT)
Rallye München – Wien – Budapest: Alexander v. Falkenhausen (Tourenwagen)
GP v. Hockenheimring: Werner Dinkel (Tourenwagen)
Bergrennen Namur: Horst Eitenauer (Tourenwagen)
GP d. Tourenwagen, Nürburgring: Hubert Hahne/Gottlieb Koch (Tourenwagen)
Bergrennen Timmelsjoch: Hubert Hahne (Tourenwagen)
Zaandvoort Trophy: Hubert Hahne (Tourenwagen)
AvD-Nürburgring-Trophäe: Hubert Hahne (Tourenwagen)
Bergrennen Happurg: Alexander v. Falkenhausen (GT)
Mallory Park Run: Hubert Hahne (Tourenwagen)
Coupe du Salon Paris: Alexander v. Falkenhausen (Tourenwagen)
Rallye Akropolis: Zalmas/Cosmetatos (Tourenwagen)
1000-Kilometer-Rennen, Nürburgring: Hülbüsch/Bialas (GT)
Bergrennen Bad Neuenahr: Jürgen Grähser (Tourenwagen)
GP v. Budapest: Hubert Hahne (Tourenwagen)
Course Mont Ventoux: Jürgen Grähser (Tourenwagen)
Avus-Rennen, Berlin: Günther Lehmann (Tourenwagen)
Bergrennen Röhn: Jürgen Grähser (Tourenwagen)
Coupe de Paris: Alexander v. Falkenhausen (Tourenwagen)

Europa-Pokal der Tourenwagen: Hubert Hahne, BMW 700 S

1964

Bergrennen Eberbach: Jürgen Grähser (Tourenwagen), Heinrich Hülbüsch (GT)
GP d. Tourenwagen, Nürburgring: Jürgen Grähser/Klaus Miersch (Tourenwagen)
Bergrennen Wallberg: Alexander v. Falkenhausen (GT)
AvD-Nürburgring-Trophäe: Jürgen Lenk (Tourenwagen)
500-Kilometer-Rennen Nürburgring: H.-D. Blatzheim/Heinrich Hülbüsch (GT)
Bergrennen Bad Neuenahr: Jürgen Grähser (Tourenwagen), Heinrich Hülbüsch (GT)
Hansa-Pokal, Nürburgring: Heinrich Hülbüsch (GT)
GP v. Berlin: Jürgen Lenk (Tourenwagen)
Bergrennen Wittlich: Günther Lehmann (Tourenwagen), Heinrich Hülbüsch (GT)
Flugplatzrennen Neubiberg: Alexander v. Falkenhausen (GT)
Bergrennen Krähberg: Jürgen Grähser (Tourenwagen)
Bergrekord Freiburg: Heinrich Hülbüsch (GT)
Bergrennen Roßfeld: Werner Dinkel (GT)
Bergrennen Wolfsfeld: Heinrich Hülbüsch (GT)
Bergrennen Taubensuhl: Adolf Kurth (Tourenwagen)
Bergrennen Pirmasens: Heinrich Hülbüsch (GT)
Zaandvoort Trophy: Horst Eitenauer (Tourenwagen)

ONS-Pokal für Renn- und Sportwagen: Heinrich Hülbüsch, Martini-BMW 700

1965

GP d. Tourenwagen, Nürburgring: Kirsch/Marx (Tourenwagen)
3-Stunden-Rennen Mallory Park: Hubert Hahne/Walter Schneider (Tourenwagen)
Bergrennen Wittlich: Peter Hahn (GT)
Hansa-Pokal, Nürburgring: Jürgen Zink (Tourenwagen)
Bergrennen Taubensuhl: Peter Hahn (GT)
Avus-Rennen, Berlin: Michael Franz (Tourenwagen)

Deutsche Bergmeisterschaft GT: Peter Hahn, Martini-BMW Prototyp

1966

Avus-Rennen, Berlin: Dieter Bonhorst (Tourenwagen)
Bergrennen Wasgau: Peter Hahn (GT)
GP d. Tourenwagen, Nürburgring: Marx/Kirsch (Tourenwagen)

Kaufberatung

Stärken und Schwächen

Kleinwagen sind seit zwei, drei Jahren ganz groß im Kommen. Grund dafür ist zum einen der gegenüber größeren Autos – meist – günstige Anschaffungspreis einschließlich aller Folgekosten wie Steuer, Versicherung und Verbrauch sowie der geringere Platzbedarf, zum anderen ein gehöriger Schuß Nostalgie, gerade wenn es um die ach so putzigen »Knutschkugeln« geht. Gleiches gilt ja auch für die kleinen Messerschmitt- und Heinkel-Kabinenroller.

Allerdings verkalkuliert sich hier so mancher: Auch die Restaurierung kleiner Autos kann leicht zum aufwendigen Unternehmen werden, das viel Zeit, Geld und Nerven verschlingt. Noch vor zehn Jahren fragte ein Leser von »Schraders Automobil- und Motorradchronik« verblüfft an, wo denn die ganzen 700er geblieben seien, die noch vor kurzem die Straßen bevölkerten? Erstaunlicherweise tauchen heute wieder verstärkt jene Fahrzeuge auf, die vor rund 30 Jahren die Massenmotorisierung vorantrieben. Durch die Nachfrage verbesserte sich auch die Ersatzteilsituation, kurz: Kleine Autos gängiger Marken mausern sich zu idealen Einsteigermobilen für Klassikerfreunde. Spekulationsobjekte sind sie keinesfalls.

Nur 1.900 Isetten, 120 BMW 600 und etwas über 400 BMW 700 haben überlebt (vom Isetta-Club geschätzte Zahlen) – von einst 160.000 Isetten, 35.000 600ern und 185.000 700ern! Wo der große Rest geblieben ist? Ganz einfach: Diesen Autos erging es wie allen reinen Zweckfahrzeugen (und nicht anderes waren sie seinerzeit), die erbarmungslos verschlissen von Hand zu Hand gingen und schließlich verschrottet wurden.

Wer heute seine Liebe zu den kleinen BMW (wieder-)entdeckt, sollte sich über die Folgen im Klaren sein. Auf jeden Fall zu empfehlen ist der Kauf einer Export-Isetta, die preislich im Rahmen liegend über einen genügend großen Ersatzteilfundus verfügt. Freilich erschweren Sonderwünsche die Suche: Standard-Isetten, noch dazu vielleicht so-

Komplettrestaurationen kommen aller Wahrscheinlichkeit nach viel zu teuer.

Kenner der Szene schätzen Isetta und 600 auch deshalb, weil man sehr leicht den Motor herausnehmen kann.

gar in der Cabrio- oder Tropen-Ausführung, sind sehr selten geworden; von den Pickup- und Kastenaufbau-Versionen (von denen ohnehin nur je ein Original bekannt war) einmal ganz abgesehen. Bessere Chancen hat man, eine Export-Isetta der Baujahre 1957 bis 1962 zu ergattern. Für Spitzenexemplare müssen allerdings schon deutlich über 10.000 Mark hingelegt werden. Die 250-ccm-Varianten haben übrigens kaum Macken, obwohl sie oft als Dauergefährt älterer Führerschein-Klasse-4-Besitzer bis zuletzt im Einsatz waren.

Ein nachdenklicher stimmendes Kapitel ist der 600: Eine Restaurierung ist nur mit viel größerem Aufwand als bei der Isetta zu machen, weil Teile der Isetta und des 700 so gut wie nie passen. Darum sind diese Autos zwar preiswerter, aber mit viel mehr Skepsis zu sehen. Saxomat-Ausführungen schließlich dürften kaum zu bekommen sein – hatten doch schon die ersten Besitzer dieser Fahrzeuge meist solche Probleme, daß sie ihre Wagen zurückrüsten ließen. Aber auch beim 600 ist die Tendenz positiv: Nachfertigungen werden auch hier bald das Niveau der Verfügbarkeit von Isetta-Teilen erreichen.

Auf jeden Fall richtig liegt man beim BMW 700, einem wahren Meilenstein der BMW-Historie. Er bietet überdies eine relativ preisgünstige Chance, in den historischen Rennsport einzusteigen! 700er Limousinen in Einfach – oder Luxusausführung sind noch aufzutreiben, 30-PS-Coupés dagegen kaum. Viel empfehlenswerter sind natürlich die Sportcoupés mit 40-PS-Doppelvergaser-Triebwerk mit dem Kurzchassis. Wer auf Limousinen abfährt, sollte nach der erwachsener wirkenden, gestreckten LS-Version Ausschau halten, die es fast nur noch in der Luxusversion gibt. Das lange LS-Coupé dagegen ist optisch gewöhnungsbedürftig, aber sehr, sehr rar. Und das Cabrio stellt die Spitze des Preisberges dar: Während Note-1-Sportcoupés kaum über 15.000 Mark kosten, verlangen Anbieter der nur in 2500 Exemplaren gebauten offenen Version weit über 20.000 Mark für ein Spitzenexemplar. Wenn man heute die Anzeigenseiten der großen deutschen Klassiker-Zeitschriften durchsieht, wird man erstaunt feststellen, daß das Angebot an BMW-Kleinwagen wieder zugenommen hat, die Preise allerdings gleichzeitig angezogen haben. Wer dennoch einen verkaufswilligen Menschen findet, sollte versuchen, den Grund für die anstehende Veräußerung herauszufinden. Ungereimtheiten oder offensichtliche Schwachstellen müssen nachdenklich machen: Eine später ins Haus stehende Komplettrestaurierung könnte den ein oder anderen doch überfordern. Die beste Wahl – wenn denn eine möglich ist – ist das zwar teurere, aber im Zustand bessere Fahrzeug.

Vor dem Kauf empfiehlt es sich in jedem Falle, einen Club zu konsultieren und/oder die Kaufberatungen in einer Klassiker-Zeitschriften zu studieren. Hier nur einige allgemeine Hinweise auf besondere Schwachstellen.

Problem Nummer eins ist in jedem Falle die Karosserie, nicht die Mechanik. Inzwischen gibt es zwar für Isetta und BMW 600 eine ganze Reihe von Reparaturblechen, doch kann beispielsweise ein verformtes Isetta-Heck nur mit großem Aufwand gerichtet werden. Blechteile für den 700er gibt's derzeit noch viel weniger.

Rost nistet sich bei der Isetta gern im Bereich der vorderen, doppelwandig ausgeführten Kotflügel, an den beiden unteren Seitenblechen, im Bodenblech, unter der Fensterschachtleiste, im unteren Türbereich sowie im oberen Teil des Benzintanks ein. Geprüft werden sollte auch die exakte Ausführung und Gleichmäßigkeit aller Schweißnähte und Sicken, die gerade im Heck oft zugespachtelt wurden. Beim 600 nistet der Rost gern im Batteriekasten, in den Ecken zwischen Radkasten und Türrahmen, um die hinteren Türholme und im hinteren Kotflügel (hinter dem Dichtgummi zwischen Luftansaugkanal und Karosserie). Verstopfte Wasserabflüsse verursachen Rostschäden in den Türunterkanten, defekte Scheinwerferabdeckkappen lassen die Kotflügelecken korrodieren.

Anders als Isetta und 600 verfügt der 700er über eine selbsttragende Karosserie. Zahllose Hohlräume ziehen den Rost förmlich an: Lampentöpfe, Blinkereinfassungen, Reserveradmulde. Kofferraummulde, Haubenvorder- und Türunterkanten, Türschweller, die vordere Spritzwand, Radläufe und Unterboden sind ebenfalls rostgefährdet. Kritisch sieht's auch bei den Kotflügeln über den Lampenkästen und dem Kotflügelabschluß vor der A-Säule aus. Bei der LS-Limousine ist der Übergang der C-Säule in das Seitenteil zu untersuchen: Hier sind die Bleche doppelwandig ausgeführt. Beim Cabrio sieht es zumindest im (doppelten) Bodenbereich am schlimmsten aus: Hier steht fast immer eine Karosserieerneuerung ins Haus. Gelegentlich mitangebotene Kunststoff-Kotflügel sind eine gute Sache, doch müssen sie passen und die ABE haben!

Die originale Innenausstattung ist einer der aufwendigsten Punkte bei einer etwaigen Restaurierung: Bei fehlenden oder vergammelten Kleinteilen, Instrumenten oder Textilteilen muß fast immer neuangefertigt werden! Günstiger ist es mit der Bereifung: Für die Isetta gibt's passende 4.80-10-Reifen im Handel, für den 600 passsen die Reifen des Minis, wobei auch 145 SR 10 aufgezogen werden können. Der 700 rollt problemlos auf den 12-Zoll-Reifen des B-Kadett. Schwieriger zu bekommen waren solche Original-«Winzigkeiten» wie die hinteren Rückleuchten für die Isetta oder die vordere Stoßstange für den 600 – inzwischen werden sie nachgefertigt. Echte Beschaffungsschwierigkeiten bestehen für Auspuff und Heizung des BMW 600. Sehr teuer sind die Kunststoff-Scheiben für die Standard-Isetta. Dennoch, kostspieliger und aufwendiger gerät die Beschaffung so manchen 700-Bauteils.

Die Mechanik der Isetta ist kaum problembehaftet. Während der Motor – wie auch der des 600 und des 700 – ja vom Motorrad abstammt und entsprechend langlebig und robust ist (wenn man ihn nicht zu sehr hetzt), leiden die Fahrwerke stark unter natürlichem Verschleiß. Fast immer sind die Buchsen der Isetta-Vorderachse ausgeschlagen, was Schäden an den Schwingarmen nach sich ziehen kann. Auch die Silentblöcke der Vorderachse sind sehr oft hoffnungslos ausgeleiert. Stoßdämpfer und Federn sind ebenfalls häufig verschlissen. Die Reibungsstoßdämpfer der Standard sind naturgemäß anfälliger als die Federbeine der Export-Isetta. Das »Aufbäumen« der Standard bei mäßigem Bremsen ist kein Mangel, sondern eine »serienmäßige« Macke.

Die Vorderachse ist gleichermaßen Schwachpunkt des 600 und 700. Mangelnde Pflege und übermäßiger Verschleiß lassen die Lagerbuchsen ausschlagen. Die beim BMW 700 ab 1962 verwendeten Nadellager für die Lagerbuchse der Bremsträgerplatte (der Haupttraghebel war bei 600 und 700 von Anfang an nadelgelagert) hielten zwar länger, mußten aber ebenfalls geschmiert werden. Auch die Stoßdämpfer des 600 und 700 bedürfen genauer Kontrolle; Ersatz ist nicht ganz einfach zu bekommen. Gleiches gilt für die Silentblöcke der hinteren Längslenker: Brutale Fahrer verursachten oft das Reißen der Gummigelenke an den Antriebswellen. Beachtung verdient selbstverständlich der Zustand der Bremsen und Radbremszylinder: Verquollene Bremsschläuche oder der Verdacht auf Undichtigkeiten ziehen aufwendige Austauschaktionen nach sich.

Der Isetta-Motor gilt zwar als nicht kritisch, sollte aber dennoch genau inspiziert werden. Langlebiger sind die höheren, mit mehr Kühlrippen versehenen Export-Motoren. Hier hängt natürlich vieles von der Behandlung des Fahrzeugs durch die Vorbesitzer ab. Beispielsweise läßt sich der Ölpeilstab nicht herausziehen, sondern nur ein- und ausschrauben – was manchem Gewinde gar nicht gut bekam. Achten sollte man auch auf den Zustand der Ventilführungen: Meist schlug die Auslaßventil-Führung aus, was zu einer Verschiebung des Ventiltellers führte und letztendlich einen Totalausfall bewirken konnte. Auspuff und Heizbirnen sind Verschleißteile, die inzwischen wieder zu beschaffen sind.

Der BMW 700 in der Coupé-Ausführung eignet sich prächtig für den Rennsport.

600er- und 700er-Motoren mit Einvergaseranlage halten ewig, während die 700-Sportausführung mit zwei Vergasern nicht so standfest war. Ersatz ist hier schwerer zu bekommen, spezielle Einzelteile wie die Sportkolben sind kaum noch aufzutreiben. Doch gerade die Zweivergaser-Motoren sind Grundvoraussetzung, um mit dem BMW 700 Motorsport betreiben zu können.

Auch Getriebe und Kraftübertragung der BMW-Zwerge waren zwar ausgereift, steckten aber voller Mini-Schwachstellen. So waren die Halterungen des Kupplungshebels innen am Getriebedeckel (Isetta) und Getriebegehäusedeckel (600 und 700) fixiert – und die brachen häufig weg, so daß der gesamte Deckel ersetzt werden mußte: Beim 600 und 700 ein glücklicherweise problemloses Unternehmen. Die Synchronisierung des zweiten Gangs von 600 und 700 wurde mit wachsender Fahrleistung schlechter, was am Kratzen beim Schalten zu erkennen ist. Kaum noch zu bekommen ist der verschleißfreudige Synchronring des 600er Getriebes.

Die elektrische Anlage mit dem von der Isetta eingeführten Dynastarter ist unproblematisch; lediglich Kohlen und Kollektor bedürfen der Kontrolle. Reglerdefekte können zu kapitalen Schäden an der elektrischen Anlage (Lima-Dynastart) führen. Mittlerweile ist ein elektronischer Regler lieferbar. Es versteht sich natürlich von selbst, daß bei der Fahrzeugbesichtigung alle elektrischen Verbraucher ausprobiert werden sollten.

Alles in allem gibt es sicher noch problemlosere Fahrzeuge als die Kleinen von BMW. Ihre Faszination erreicht jedoch kaum ein anderes. Und gerade Einsteigern ins rostigste Hobby kann eigentlich zum Kauf nur zugeraten werden, sofern nicht eine Vollrestaurierung ansteht. Denn die kommt erfahrungsgemäß immer sehr viel teurer als die Kaufpreisdifferenz für ein Auto mit besserer Zustandsnote.

Heutige Marktpreise in DM (unverbindlich)

QUELLE: P.I.C.A. und statistische Erhebungen aus Klassiker-Zeitschriften

	Note 1	Note 2	Note 3	Note 4	Note 5
Isetta Standard 250	12.500	9.000	5.000	3.500	1.500
Isetta Standard 300	13.000	9.500	5.000	3.500	1.500
Isetta Export 250	11.000	9.000	5.500	3.500	1.800
Isetta Export 300	11.500	9.500	6.000	3.800	2.000
BMW 600	13.000	10.000	7.000	4.000	2.500
BMW 700 L, LL	9.500	7.500	5.000	2.800	1.700
BMW 700 C	10.500	8.000	5.500	3.000	2.000
BMW 700 CS	13.500	9.500	7.000	4.500	3.000
BMW 700 Cabrio	30.000	22.000	15.000	8.000	5.000
BMW 700 LSL, LS	9.000	7.000	4.500	2.300	1.100
BMW 700 LS Coupé	10.500	8.000	5.000	2.500	1.500

Erklärung der Zustandsnoten

Zust. 1:
Spitzenzustand, keinerlei Mängel an Technik, Optik, und Originalität. Neu oder neuwertig nach aufwendiger Vollrestaurierung. Außerordentlich selten.

Zust. 2:
Guter Allgemeinzustand, original oder fachgerecht restauriert. Mängel- und rostfrei, aber mit leichten Gebrauchsspuren. Keine fehlenden oder artfremd ersetzten Teile. Selten.

Zust. 3:
Solider Zustand, normal abgenutzt. Kleinere Mängel an Technik und Optik, aber sofort fahrbereit. Keine Durchrostungen, momentan keine Reparaturen erforderlich. Häufig angeboten.

Zust. 4:
Abgenutzter Zustand, gutes Restaurierungsobjekt. Teilrestauriert, nur bedingt fahrbereit, eventuell sogar demontiert. Mittlere Durchrostungen, einige wenige fehlende Teile. Reparaturarbeiten notwendig. Häufig angeboten.

Zust. 5:
Vorsicht: Nur noch sehr bedingt restaurierbar! Oft zerlegt und schlecht restauriert, viele fehlende Teile. Gut als Ersatzteilspender. Gelegentlich angeboten.

TECHNISCHE DATEN

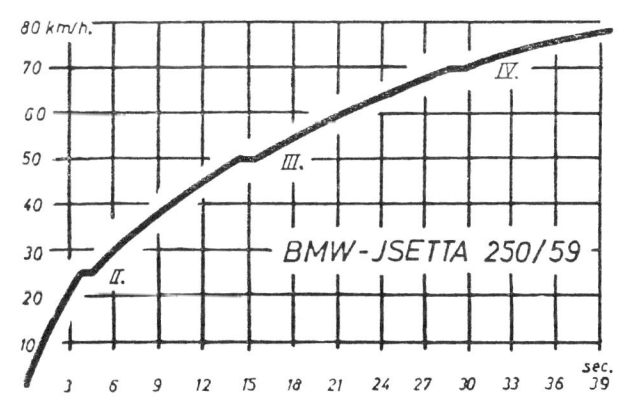

BMW Isetta Standard/Export 250 und 300

Bauzeit und Stückzahlen:
4/1955 bis 3/1957 Standard
10/1956 bis 5/1962 Export
Gesamt: 61.628,
davon 74.282 Isetta 250 und 87.416 Isetta 300

Motor (Klammerwerte Isetta 300):
Einzylinder-Viertakt-Motor im Heck, Bohrung x Hub = 68 x 68 mm (72 x 73 mm), Hubraum 245 ccm (298 ccm ab 2/1956), Verdichtung 6,8 : 1 (7,0 : 1), Leistung 12 PS bei 5800 U/min (13 PS bei 5200 U/min), maximales Drehmoment 1,45 mkg bei 4500 U/min (1,88 mkg bei 4600 U/min); mittlere Kolbengeschwindigkeit bei 5800 U/min Nenndrehzahl 13,2 m/s (bei 5200 U/min 12,5 m/s); zweifach gelagerte Kurbelwelle, seitliche, durch Rollenkette betätigte Nockenwelle, Steuerung der V-förmig hängenden Ventile über Stoßstange und Kipphebel; Gebläse-Luftkühlung, Druckumlaufschmierung (1,25 bzw. ab Frühjahr 1956 1,75 Liter Öl <1,75 Liter Öl>), ein Bing-Schiebervergaser 1/24 bzw. ab 1957 1/22 mit Starthilfe, 13-Liter-Benzintank im Heck (einschl. 3,5 Liter Reserve), Batterie 12 V 24/31 Ah unter der Sitzbank, Gleichstromlichtmaschine 130 W.

Kraftübertragung:
Hinterradantrieb, Einscheiben-Trockenkupplung, unsynchronisiertes Viergang-Klauengetriebe mit Kulissenschaltung, Übersetzungen I: 4,35 (Standard 300 und Export 250/300: 4,22), II: 2,22, III: 1,52, IV: 1,17, R: 5,25, Achsantrieb über querliegende kurze Gelenkwelle und Duplex-Kette im Ölbad, Untersetzung 2,31.

Getriebe- und Beschleunigungsdiagramm Isetta 250

Fahrwerk:
Ganzstahlkarosserie auf trapezförmigen Stahlrohrrahmen; CW-Wert Export 0,40, vordere Einzelrad-Aufhängung an geschobenen Längsschwingen, Schraubenfedern und Reibungsstoßdämpfern (ab Export-Ausführung 12/1956: Federbein mit Schraubenfedern), hintere Starrachse mit angeflanschtem Kettenkasten mit zwei Viertelelliptik-Blattfedern und Teleskopstoßdämpfern, Lenkung mit Spindel und Mutter (15,4 : 1), hydraulisch betätigte Trommelbremsen (d = 180 mm), eine Bremstrommel für beide Hinterräder; auf rechtes Hinterrad über Seilzug mechanisch wirkende Handbremse; 3.00 x 10 Felgen, 4.80-10 Reifen.

Maße und Gewichte (Klammerwerte Export):
Länge x Breite x Höhe = 2285 (2355) x 1380 x 1340 mm, Radstand 1500 mm, Spurweite 1200/520 mm, Innenbreite 1220 mm, Innenhöhe 1040 (1090) mm, Wendekreis 8,3 m (2,5 Lenkradumdrehungen), Eigengewicht vollgetankt 350 kg (360 kg), Gewichtsverteilung VA/HA 54 : 46 %; zulässiges Gesamtgewicht 580 kg (600 kg), Gewichtsverteilung mit Fahrer 55 : 45 %.

Fahrleistungen (Klammerwerte Isetta 300):
Höchstgeschwindigkeit 85 (87) km/h, Beschleunigung 0 – 80 km/h in 32 (28,5) s, Geschwindigkeitsbereiche I. Gang bis 20 (25) km/h, II. bis 35 (45), III. bis 55 (65), IV. ab 20 km/h; Steigfähigkeit I. Gang 27 % (30 %), II. 13 %, III. 7 %, IV. 4 %.

Verbrauch und Wartung:
Durchschnittsverbrauch 3,7 Liter Normal/100 km bei 57 km/h, Inspektion/Ölwechsel alle 2000 km.

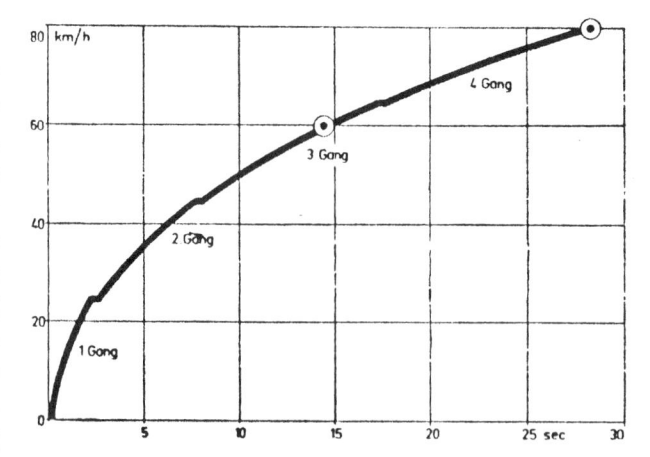

Getriebe- und Beschleunigungsdiagramm Isetta 300

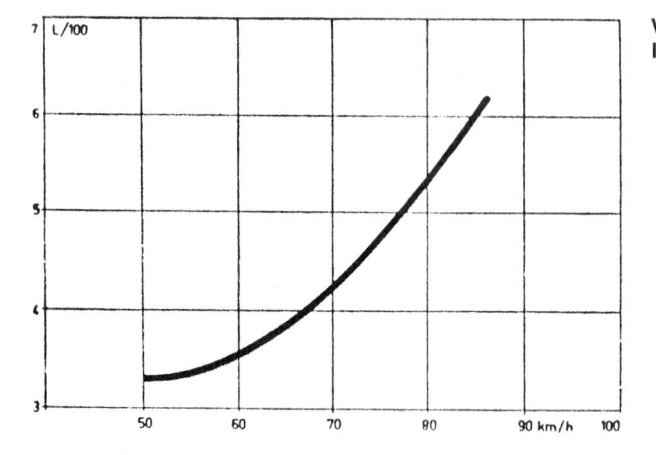

Verbrauchsdiagramm Isetta 300

Getriebe- und Beschleunigungsdiagramm

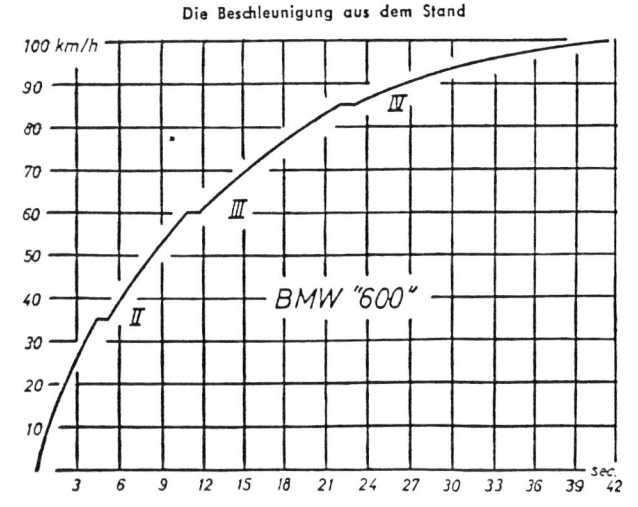

Die Beschleunigung aus dem Stand

Leistungs- und Drehmomentdiagramm Verbrauchsdiagramm

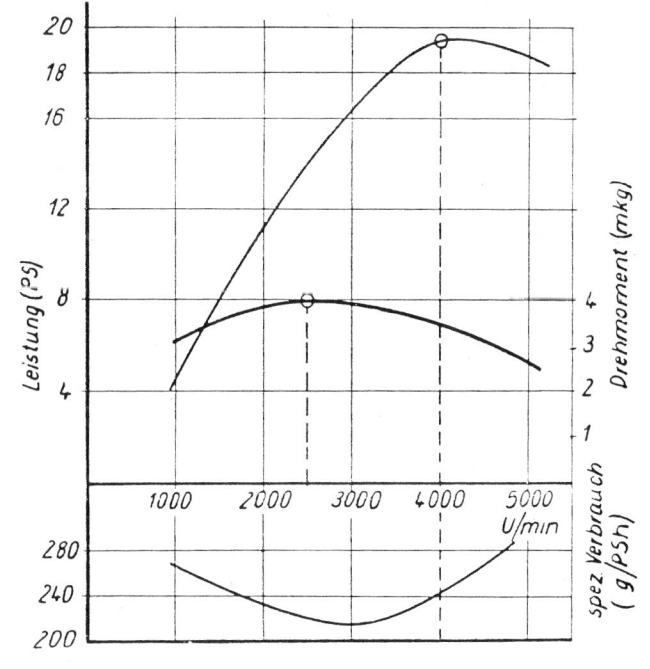

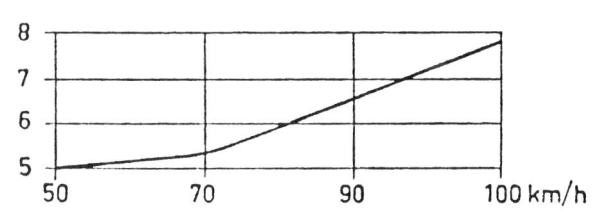

BMW 600

Bauzeit und Stückzahl:
12/1957 bis 4/1959
34.813

Motor:
Zweizylinder-Viertakt-Boxermotor im Heck, Bohrung x Hub = 74 x 68 mm, Hubraum 582 ccm, Verdichtung 6,8 : 1, Leistung 19,5 PS bei 4500 U/min, maximales Drehmoment 3,9 mkg bei 2800 U/min; mittlere Kolbengeschwindigkeit bei 4500 U/min Nenndrehzahl 10,2 m/s; zweifach gelagerte Kurbelwelle, zentrale, durch Stirnräder betätigte Nockenwelle, Steuerung der V-förmig hängenden Ventile über Stoßstangen und Kipphebel, Gebläse-Luftkühlung, Druckumlaufschmierung (2,0 Liter Öl), ein Zenith-Flachstromvergaser 28 KLP 1 (später KLP 4), 23-Liter-Benzintank im Heck über dem Motor (einschl. 3 Liter Reserve), Batterie 12 V 24/31 Ah unter dem Rücksitz, Gleichstromlichtmaschine 130 W.

Kraftübertragung:
Hinterradantrieb, Einscheiben-Trockenkupplung (gegen Aufpreis ab 1959: Saxomat), synchronisiertes Vierganggetriebe mit Schaltstock in Wagenmitte, Übersetzungen I: 3,54, II: 1,94, III: 1,27, IV: 0,846, R: 3,45, Untersetzung 5,43.

Fahrwerk:
Ganzstahlkarosserie auf Stahlrohrrahmen; cW-Wert 0,40; vordere Einzelradaufhängung an je zwei geschobenen Längsschwinghebeln und Schraubenfedern, Teleskopstoßdämpfer; hinten Einzelradaufhängung an Schräglenkerachse, Schraubenfedern, Teleskopstoßdämpfer; Lenkung mit Spindel und Mutter (15,4 : 1), hydraulisch betätigte Innenbacken-Trommelbremsen (d = 180 mm), auf Hinterräder mechanisch wirkende Handbremse; 3.50 x 10 Felgen, 5.20-10 Reifen (schlauchlos).

Maße und Gewichte:
Länge x Breite x Höhe = 2900 x 1400 x 1375 mm, Radstand 1700 mm, Spurweite 1220/1160 mm, Bodenfreiheit 150 mm, Innenbreite 1180 mm, Innenhöhe 1140 mm, Wendekreis 8,3 m (2,5 Lenkradumdrehungen), Eigengewicht vollgetankt 560 kg, Gewichtsverteilung VA/HA 39 : 61 %; zulässiges Gesamtgewicht 900 kg.

Fahrleistungen:
Höchstgeschwindigkeit 103 km/h, Beschleunigung 0 – 80 km/h in 24 s, 0 – 100 in 65 s, Geschwindigkeitsbereiche I. Gang bis 32 km/h, II. bis 55, III. bis 73, IV. ab 35 km/h; Steigfähigkeit I. Gang 30 %, II. 17 %, III. 9 %, IV. 6 %.

Verbrauch und Wartung:
Durchschnittsverbrauch 6,5 Liter/100 km, Inspektion/Ölwechsel alle 2000 km.

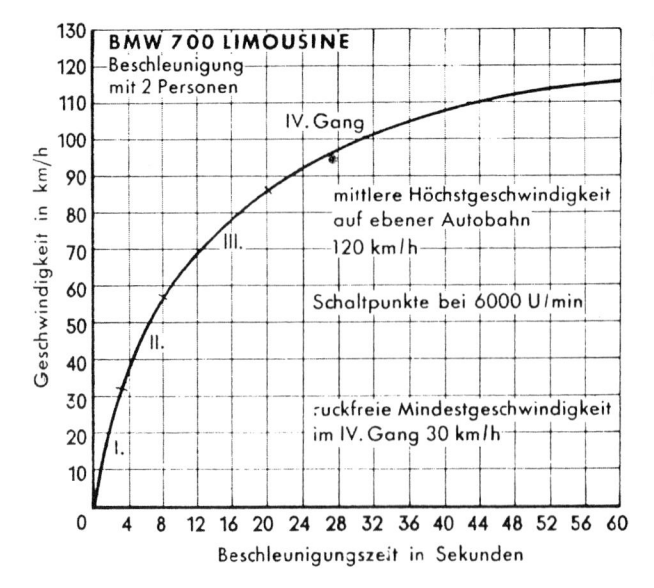

Getriebe- und Beschleunigungsdiagramm BMW 700 L

BMW 700

Bauzeit und Stückzahlen:
700 L (Limousine, Luxus-Limousine 30 PS):
    12/1959 bis 4/1962   31.604 und 17.683
700 C (Coupé 30/32 PS):
    8/1959 bis 4/1964   16.808
700 Sport, ab 1963: 700 CS (Coupé/Cabrio 40 PS):
    8/1960 bis 5/1964   8.643 und 2.592
700 LS, LS Luxus (Limousine 32 PS):
    3/1962 bis 11/1965   2.044 und 92.527
700 LS C (Coupé 40 PS):
    9/1964 bis 9/1965   1.730
700 RS: 7/1961 bis 1963   19

Getriebe- und Beschleunigungsdiagramm BMW 700 C

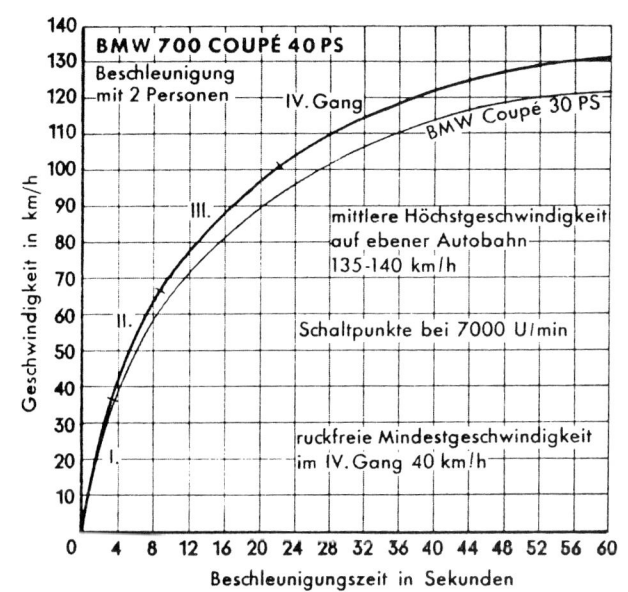

BMW 700 COUPÉ 40 PS
Beschleunigung mit 2 Personen — IV. Gang
BMW Coupé 30 PS
mittlere Höchstgeschwindigkeit auf ebener Autobahn 135–140 km/h
Schaltpunkte bei 7000 U/min
ruckfreie Mindestgeschwindigkeit im IV. Gang 40 km/h

Geschwindigkeit in km/h — Beschleunigungszeit in Sekunden

700 Limousine, Coupé

Motor:
Zweizylinder-Viertakt-Motor, Bohrung x Hub = 78 x 73 mm, Hubraum 697 ccm, Verdichtung 7,5 : 1, Leistung 30 PS bei 5000 U/min, maximales Drehmoment 5,1 mkg bei 3400 U/min, dreifach gelagerte Kurbelwelle, zentrale, durch Stirnräder betätigte Nockenwelle, Steuerung der V-förmig hängenden Ventile über Stoßstangen und Kipphebel, Gebläse-Luftkühlung, Druckumlaufschmierung (2,0 Liter Öl), ein Fallstromvergaser Solex 34 PCI/1 (zwei Fallstromvergaser Solex 34 PCI/3), 33-Liter-Benzintank vorn (5 Liter Reserve), Batterie 12 V 24 Ah im Motorraum, Gleichstromlichtmaschine 130 W.

Kraftübertragung:
Hinterradantrieb, Einscheiben-Trockenkupplung, gegen Aufpreis Saxomat; synchronisiertes Vierganggetriebe mit Stockschalthebel in Wagenmitte, Übersetzungen I: 3,54, II: 1,94, III: 1,27, IV: 0,839, R: 3,45, Achsantrieb über Gelenkwellen und Hardy-Scheiben, Untersetzung 5,43.

Fahrwerk:
Selbsttragende Ganzstahlkarosserie, cW-Wert 0,38; Vorderradaufhängung an geschobenen Doppel-Längsschwingen und Schraubenfedern; hintere Schräglenkerachse an Schraubenfedern, Lenkung mit Zahnstange (17,85 : 1), hydraulisch betätigte Simplex-Trommelbremsen (d = 200 mm), auf Hinterräder mechanisch wirkende Handbremse; 3.50 x 12 Felgen; 5.20-12 Reifen.

Maße und Gewichte (Klammerangaben Coupé):
Länge x Breite x Höhe: 3540 x 1480 x 1345 mm (3540 x 1480 x 1270 mm); Radstand 2120 mm; Spurweite 1270/1200 mm; Bodenfreiheit 180 mm; Innenbreite 1210 mm, Innenhöhe 1130 mm, Wendekreis 10,1 m (3 Lenkradumdrehungen); Eigengewicht

vollgetankt 640 kg (630 kg); zulässiges Gesamtgewicht 960 kg (Coupé).

Fahrleistungen (Klammerangaben Coupé):
Höchstgeschwindigkeit 120 km/h (125 km/h); Beschleunigung 0 – 100 km/h in 30 s (21 s); Geschwindigkeitsbereiche I. Gang bis 25 km/h, II. bis 50, III. bis 80; IV. ab 30 km/h; Steigfähigkeit I. Gang 33 %, II. 20, III. 12, IV. 7 %.

Verbrauch und Wartung:
Durchschnittsverbrauch 7,5 Liter Normal/100 km; Inspektion/Ölwechsel alle 3000 km.

700 Sport Coupé, Sport Cabrio, ab 1963: 700 CS (nur abweichende Daten)
Motor:
Verdichtung 9,0 : 1, Leistung 40 PS bei 5700 U/min, maximales Drehmoment 5,2 mkg bei 4500 U/min, zwei Fallstromvergaser Solex 34 PCI/3.

Kraftübertragung:
Torsions-Schwingdämpfer, Getriebe-Übersetzungen I: 2,667, II: 1,60, III: 0,840, IV: 0,839, R: 3,45.

Fahrwerk:
Stabilisator an Hinterachse, ab Herbst 1963 Reifen 5.50-12.

Maße und Gewichte (Klammerangaben Cabrio):
Länge x Breite x Höhe: 3540 x 1480 x 1270 mm (3540 x 1480 x 1290 mm); Eigengewicht vollgetankt: 630 kg (680 kg); zulässiges Gesamtgewicht 860 kg (910 kg).

Fahrleistungen (Klammerangaben Cabrio):
Höchstgeschwindigkeit 135 km/h (130 km/h); Beschleunigung 0 – 100 km/h in 19,6 s (21 s); Geschwindigkeitsbereiche I. Gang bis 30 km/h, II. bis 60, III. bis 90; IV. ab 30 km/h.

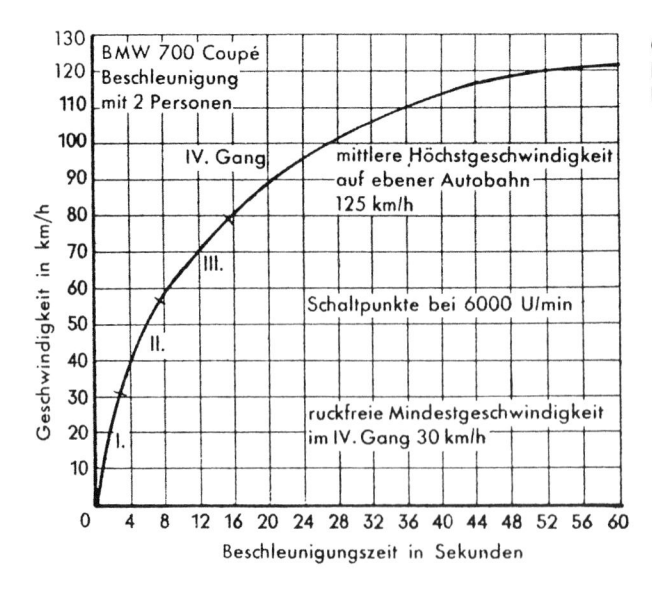

Getriebe- und Beschleunigungsdiagramm BMW 700 Sport/CS

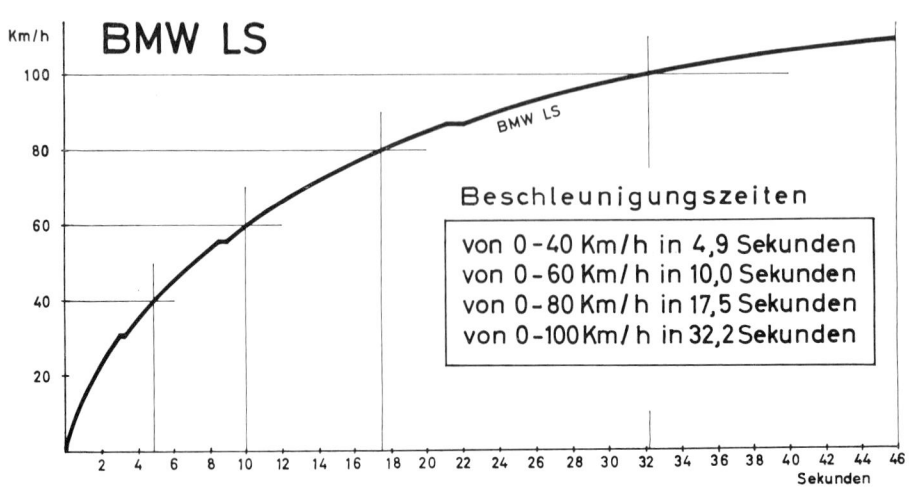

Getriebe- und Beschleunigungsdiagramm BMW 700 LS

Verbrauch:
Durchschnittsverbrauch 8,4 Liter Super/100 km.
700 LS/LS Luxus Limousine, 700 LS Coupé (nur abweichende Angaben)

Motor (Klammerangaben LS Coupé):
Verdichtung 7,5 : 1 (9,0 : 1); Leistung 30 PS bei 5000 U/min bzw. ab 2/1963: 32 PS bei 5000 U/min (40 PS bei 5700 U/min); maximales Drehmoment 5,1 mkg bei 3400 U/min (5,2 mkg bei 4500 U/min); mittlere Kolbengeschwindigkeit bei 5000 U/min Nenndrehzahl 12,2 m/s (bei 5700 U/min Nenndrehzahl 13,9 m/s); ein Fallstromvergaser Solex 34 PCI mit Beschleunigerpumpe (zwei Fallstromvergaser Solex 34 PCI).

Kraftübertragung (Klammerangaben LS Coupé):
Einscheiben-Trockenkupplung (mit Torsions-Schwingdämpfer); Übersetzungen I: 3,54; II: 1,94; III: 1,27; IV: 0,839; R: 3,45; Achsuntersetzung 5,43 : 1.

Fahrwerk:
Hintere Schräglenkerachse an Schraubenfedern; LS Coupé zusätzlich Drehstab-Stabilisator; LS und LS Luxus Limousine zusätzlich Gummihohlfedern.

Maße und Gewichte (Klammerangaben LS Coupé):
Länge x Breite x Höhe: 3860 x 1480 x 1360 mm (3860 x 1480 x 1300 mm); Radstand 2280 mm; Bodenfreiheit 110 mm; Eigengewicht vollgetankt 690 kg (680 kg); zulässiges Gesamtgewicht 1050 kg (960 kg).

Fahrleistungen (Klammerangaben LS Coupé):
Höchstgeschwindigkeit 122 km/h (135 km/h); Beschleunigung 0 – 100 km/h in 32 s (21 s).

Verbrauch (Klammerangeben LS Coupé und Cabrio):
Durchschnittsverbrauch 7,8 Liter Normal (7,2 Liter Super).

700 RS (nur abweichende Angaben)
Motor:
Hubraum 697 ccm (850 ccm); Verdichtung 9,8 : 1; Leistung 78 PS bei 8200 U/min (82 PS bei 8200 U/min); mittlere Kolbengeschwindigkeit bei 8000 U/min Nenndrehzahl 19,5 m/s; dreifach gelagerte Kurbelwelle; zwei obenliegende, durch Königswelle betätigte Nockenwellen; Steuerung der V-förmig hängenden Ventile über Stirnrad bzw. Kette; Gebläse-Luftkühlung; Druckumlauf-Schmierung mit Ölkühler; zwei Dell'Orto-48er-Rennvergaser; Batterie-Doppelzündung.

Kraftübertragung:
Einscheiben-Trockenkupplung mit Torsions-Schwingungsdämpfer; verschiedene Übersetzungen.

Fahrwerk:
Aluminium-Karosserie auf Gitterrohr-Rahmen; vorn Einzelradaufhängung an Doppel-Längslenkern und Schraubenfedern, Teleskopstoßdämpfer; hinten Einzelradaufhängung an Dreiecks-Querlenkern, Schraubenfedern; Teleskop-Stoßdämpfer; Drehstab-Stabilisator; Zweikreis-Trommelbremsanlage (d = 200 mm); 5.20-12 Reifen (schlauchlos).

Maße und Gewichte:
Länge x Breite x Höhe: 3465 x 1460 x 1060 mm; Radstand 2000 mm; Spurweite 1270 mm; Wendekreis 9,5 m; Eigengewicht vollgetankt rund 550 kg.

Fahrleistungen:
Höchstgeschwindigkeit bis 180 km/h; Beschleunigung 0 – 100 km/h bis 10 s.

Produktionsstatistik Isetta und BMW 600

	Deutschland-Verkauf Isetta	Gesamtproduktion Isetta	Gesamtproduktion BMW 600
1955	10.489	12.917	—
1956	22.543	29.947	—
1957	21.129	33.700	320
1958	18.538		27.200
1959	16.564		7.293
1960	9.434		—
1961	6.384		—
1962	4.265		—
1963	414		—
	109.760	161.728	34.813

Stückzahlen und Fahrgestellnummern BMW Isetta und BMW 600

QUELLE: Isetta-Journal

Standard Isetta 250 (1955/1956)	400.031 bis 426.677	(26.646)
Standard Isetta 300 (1955/1956)	480.001 bis 495.339	(15.338)
Export Isetta 250 /1957 bis 1962)	427.031 bis 474.667	(47.636)
Export Isetta 300 (1957 bis 1959)	496.031 bis 515.437	(19.406)
Export Isetta 300 (1960 bis 1962)	570.001 bis 595.698	(25.697)
Export Isetta 300 RHD	790.001 bis 790.154	(153)
Export Isetta 300 Dreirad	604.001 bis 605.606	(1.605)
BMW 600	116.001 bis 151.700	(34.813)

RHD = Righthand Drive (Rechtslenker-Version)

Preis BMW 600

	Preis
1957	3895,–
1958	3895,–
1959	3985,–

Preise jeweils zuzüglich Festpreis für obligatorische Heizung/Lüftung

Stückzahlen und Fahrgestellnummern BMW 700

QUELLE: Isetta-Journal

BMW 700

700 Coupé 30/32 PS	160.001 bis 176.808	16.808
700 Limousine	700.011 bis 731.614	31.604
700 Luxus Limousine	740.001 bis 755.000, 800.001 bis 802.483	17.483
700 Luxus Limousine RHD	797.001 bis 797.200	200
700 Sport Coupé	190.001 bis 197.000	7.000
700 CS	894.001 bis 895.231	1.230
700 CS RHD	810.001 bis 810.413	413
700 Cabrio	780.001 bis 782.592	2.592
700 LS Limousine	870.001 bis 872.000, 874.001 bis 874.044	2.044
700 LSL Limousine	812.001 bis 870.000, 875.001 bis ...	90.987
700 LSL RHD	890.001 bis 891.540	1.540
700 LS Coupé	180.001 bis 181.730	1.730

RHD = Righthand Drive (Rechtslenker-Version)

Preise BMW Isetta und ihre Konkurrenten

	Standard 250/300	Export 250/300	Lloyd LP600	Goggo 250/300	Goggo Coupé 250/300	KaRo 200
4/1955	2280,–					2470,–
12/1955	2580,–		3680,–	2940,–		2550,–
2/1956	2750,–/2890,–					
Ende 1956	2490,–/2600,–	2780,–/2980,–		3620,–/3730,–	3620,–/3730,–	2400,–
bis 3/1957	2490,–/2600,–	2780,–/2890,–		2940,–/3050,–	3670,–/3780,–	2400,–
Ende 1958		2695,–/2795,–	3980,–	3045,–		
3/1959		2650,–/2710,–	3470,–		3097,–/3157,–	
9/1959		2750,–/2860,–	3097,–			
12/1959		2650,–/2710,–				
5/1960		2650,–/2710,–		3400,–	2400,–	
1961		2650,–/2710,–				
1962		2650,–/2710,–				

Preise BMW 700

	700 L	700 LL	700 C	700 Sp/CS	700 Cab	700 LS	700 LS L	700 LS C
10/1959	4760,-		5300,-					
1960		4995,-		5850,-				
2/1961	4760,-	4995,-	5300,-	5850,-				
2/1962						4780,-	4870,-	
1/1963					6950,-		5320,-	5850,-
3/1964					6950,-		4985,-	5850,-

Zulassungszahlen BMW Isetta 250/300, BMW 600 und BMW 700 zum 1. Juli 1992

BMW Isetta 250/300	682
BMW 600	104
BMW 700 C Coupé (30/32 PS)	48
BMW 700 L, LL Limousine (30 PS)	70
BMW 700 Sport, CS Coupé und Cabrio (40 PS)	80
BMW 700 LS, LSL Limousine (30/32 PS)	180
BMW 700 LS Coupé (40 PS)	21

Erfaßt wurden vom Kraftfahrt-Bundesamt hier alle noch zugelassenen BMW-Kleinwagen. Der tatsächliche Bestand ist um bis zu 50 Prozent höher, da zum einen zahlreiche Fahrzeuge nicht angemeldet sind, zum anderen die Zulassungsämter gelegentlich – unverständlicherweise – eigentlich getypte Wagen unter dem Herstellersuchwort »Sonstiges« (0000) speichern.

CLUBADRESSEN

Museen mit BMW-Kleinwagen

Deutschland
BMW Veteranen-Club Deutschland e.V.
Hans-Hartmut Krombach
Im Breiten Feld 19
D-5910 Kreuztal-Kredenbach

Isetta Club e.V., Zentrales Sekretariat
Klufterstraße 46
D-5300 Bonn 2
Tel. 0228/317318, Fax 0228/313158

Privat Isetta Collection & Archive (P.I.C.A.)
Bernd Campen
Frankenstraße 8 d
D-8751 Kleinwallstadt,
Tel. 06022/21563
oder: Postfach 300329
D-6054 Rodgau 3

IG BMW 700
Bernd Nagel
Freyastraße 7
D-5600 Wuppertal 1, Tel. 0202/743238

Schweiz
BMW Veteranen Club Schweiz
M. Brodowski
Sagenrain 1
CH-8605 Gutenswil

Großbritannien
Isetta Owners Club
Graham Jackson
111 Heronscroft
Covingham, Swindon
Wiltshire SW4 5AW

Roller- und Kleinwagenmuseum Bad Iburg
An der B51
4505 Bad Iburg, Tel. 05403/4833

Automuseum Störy
St. Adriansplatz 5
3205 Bockenem 1, Tel. 05067/759

Oldtimermuseum Assmannshausen
Rheinallee 7/8
6220 Rüdesheim-Assmannshausen
Tel. 06722/1097

BMW Museum München
Petuelring 130
8000 München 40, Tel. 089/3895 5652

Automuseum Ibbenbüren
Münsterstraße 265
4530 Ibbenbüren, Tel. 05451/6806

Auto + Technik Museum Sinsheim
Obere Au 2
6920 Sinsheim, Tel. 07261/61116

Automuseum Hillers
Kurt-Schumacher-Alle 242
2000 Hamburg 1, Tel. 040/246577

Automobilmuseum Raule
Haupstraße 130
6239 Eppstein, Tel. 06198/3010

EFA Museum Amerang
Wasserburger Straße 38
8201 Amerang, Tel. 08075/8141

LITERATURHINWEISE

Bücher

Bolaffi: Catalogo Bolaffi delle Automobili Italiane da Collezione 1945 – 1970. Bolaffi Turin, 1991. ISBN 88-85846-27-0.

Isetta-Journal. Sonderheft Geschichte. Isetta Club e.V. Borchen, 1987.

Isetta-Journal. Sonderheft Technik. Isetta Club e.V. Borchen, 1987.

Knittel: BMW Motorräder. Bleicher Gerlingen, 1984. ISBN 3-88350-152-2.

Lintelmann: Deutsche Roller und Kleinwagen der fünfziger Jahre. Podszun Brilon, 1986. ISBN 3-923448-25-2.

Mönnich: BMW – eine deutsche Geschichte. Piper München, 1991. ISBN 3-11441-5/11442-3.

Oswald: Alle BMW Automobile 1928 – 1978. Motorbuch Stuttgart, 1982. ISBN 3-87943-584-7.

Rosellen: Deutsche Kleinwagen. Weltbild Augsburg, 1991. ISBN 3-89350-040-5.

Stationen einer Entwicklung. Broschüre der BMW Presseabteilung, 1985.

Thyssen-Bornemisza: Die große Enzyklopädie der kleinen Automobile, Bd. 1. Zyklam Frankfurt, 1988. ISBN 3-88767-101-5.

Zeichner: BMW Isetta und ihre Konkurrenten. Schrader München, 1986. ISBN 3-922617-10-7.

Zeichner: Kleinwagen International. Bleicher Gerlingen, 1990. ISBN 3-88350-160-3.

Zeitschriftenartikel

BMW Isetta 250 (Test). Motor-Rundschau (MR) 17/1955, S. 611 ff.
BMW Isetta 250 (Test). auto, motor und sport (ams) 8/1955, S. 11 ff.
BMW Isetta 300 (Test). MR 13/1956, S. 471 ff.
BMW Isetta 300 (Test). MR 4/1957, S. 101 ff.
BMW Isetta 300 (Test). MR 24/1960, S. 869 ff.
BMW Isetta. MARKT 3/1986, S. 80 ff.
BMW Isetta 250 und Konkurrenten. Motor Klassik 2/1987, S. 6 ff.
BMW Isetta, Heinkel und Zündapp (Vergleich). Motor Klassik 4/1985 S. 6 ff
BMW Isetta und Konkurrenten. hobby 12/1956, S. 19 ff.
30 Jahre Isetta. Sonderausgabe 1 von Roller & Kleinwagen, 1983.
Geschichte von Isetta, 600, 700. Sonderausgabe 2 von Roller & Kleinwagen, 1985.
BMW 600 (Test). ams 19/1957, S. 14 ff.
BMW 600 (Test). Kleinwagen 7/1958.
BMW 600 (Test). MR 9/1958, S. 283 ff.
BMW 600 (Test). Automobil Revue 23/1959, S. 12 ff.
BMW 600. MARKT 1/1992, S. 192 ff.
600er Klassenvergleich. hobby 2/1958, S. 13 ff.
BMW 700 (Test). Roller, Mobil, Kleinwagen 11/1959, S. 402 ff.
BMW 700 Coupé (Test). ams 21/1959, S. 28 ff.
BMW 700 (Test). MR 9/1960, S. 303 ff.
BMW 700/700 Sport (Test). MR 7/1960, S. 242 ff.
BMW 700 CS (Test). mot 6/1963, S. 14 ff.
BMW 700 Cabrio/RS. MARKT Sonderheft 6/1987, S. 40 ff.
BMW 700 Cabrio (Test). mot 8/1962, S. 12 ff.
BMW 700. MARKT 12/1986, S. 16 ff.
BMW 700. Auto d'Epoca 10/1991, S. 66 ff.
BMW 700 LS L (Test). MR 6/1962, S. 199 ff.
BMW 700 LS (Test). mot 6/1963, S. 12 ff.
BMW 700 LS (Test). MR 9/1963, S. 350 ff.
BMW 700 LS Luxus (Test). hobby 7/1962, S. 24 ff.
BMW 700 LS Coupé (Test). hobby 24/1964, S. 32 ff.
Martini-BMW 700. MARKT 12/1984 S. 24 ff
»Wir von BMW« (BMW-Mitarbeiterzeitschrift), versch. Jahrgänge

TESTEN SIE AUTO MOTOR UND SPORT.

auto motor und sport testet jedes Jahr über 400 Autos - vom VW Polo mit 45 PS bis zum 500.000 Mark teuren Ferrari F40 mit 478 PS. Moderne Meßmethoden, zwei Millionen Testkilometer pro Jahr sowie eine Test-Mannschaft mit langjähriger Erfahrung und sicherem Beurteilungsvermögen bilden <u>die</u> Basis für die anerkannte Testkompetenz von Europas großem Automagazin. Für Ein- und Aufsteiger der mobilen Gesellschaft ist auto motor und sport die kompetente Informationsquelle. Testen sie uns. Alle 14 Tage neu bei Ihrem Zeitschriftenhändler und an Ihrer Tankstelle.

auto motor und sport

Unabhängig. Kritisch. Engagiert.

Goldene Zeiten und ihre Autos

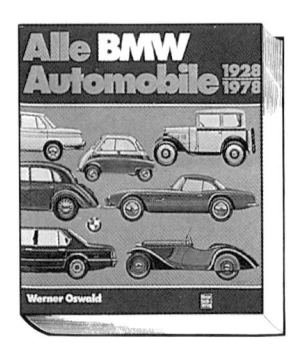

Reichert / Klersy
**Der Käfer im Bild –
The beetle picture-story**
Die kuriosesten Varianten des Käfers – Text deutsch/englisch.
160 Seiten, 592 Abbildungen, 123 farbig, gebunden
49,–   Bestell-Nr. 01112

Michael Sedgwick
Die schönsten Autos der 30er und 40er Jahre
Die schönsten, ausgefallensten und erfolgreichsten Typen.
240 Seiten, 208 Abbildungen, 200 farbig, Großformat, geb.
49,80   Bestell-Nr. 01295

Michael Sedgwick
Die schönsten Autos der 50er und 60er Jahre
Nostalgische Begegnungen mit den Klassikern jener Zeit.
240 Seiten, 270 Abbildungen, 180 farbig, Großformat, geb.
49,80   Bestell-Nr. 01308

Werner Oswald
Alle BMW-Automobile 1928–1978
Die umfassende Typengeschichte der BMW-Automobile.
174 Seiten, 334 Abbildungen, 36 farbig, gebunden
42,–   Bestell-Nr. 10584

Werner Oswald
Deutsche Autos 1920–1945
Alle Personenwagen, die 1920 bis 1945 im damaligen Deutschen Reich produziert wurden, mit Daten und Bildern.
544 Seiten, 899 Abb., geb.
68,–   Bestell-Nr. 10519

Werner Oswald
Deutsche Autos seit 1945
Der Bestseller jetzt in einer stark erweiterten Neuauflage.
1024 Seiten, 1160 Abbildungen, gebunden, 2 Bände zusammen im Schmuckschuber
148,–   Bestell-Nr. 01492

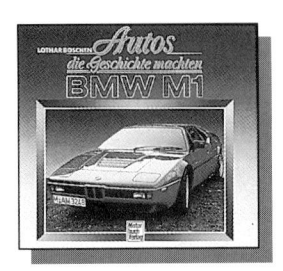

Lothar Boschen
BMW M 1
Der legendäre Klassiker, das weißblaue Meisterstück aus den siebziger Jahren.
144 Seiten, 113 Abbildungen, 12 farbig, gebunden
39,80   Bestell-Nr. 01265

Motorbuch Verlag
DER VERLAG FÜR AUTO-BÜCHER
Postfach 10 37 43 · 7000 Stuttgart 10

Änderungen vorbehalten